社会主义核心价值观主题经典阅读

青春的底色 系列丛书

学术指导／石中英

主编／叶传平　刘劲凤

分册主编／杨正霞

编著／彭春梅　张杨

友善篇

生命中的那些暖

时代出版传媒股份有限公司
安徽教育出版社

本书部分文字作品稿酬已向中国文字著作权协会提存,敬请相关著作权人联系领取。
电话:010-65978917,传真:010-65978926,E-mail:wenzhuxie@126.com。

图书在版编目(CIP)数据

生命中的那些暖 / 叶传平,刘劲凤主编;杨正霞分册主编;彭春梅,张杨编著. —合肥:安徽教育出版社,2024.6
("青春的底色"系列丛书)
ISBN 978-7-5748-0174-5

Ⅰ.①生… Ⅱ.①叶… ②刘… ③杨… ④彭… ⑤张… Ⅲ.①社会主义核心价值观—中国—初中—教学参考资料 Ⅳ.①G631.2

中国国家版本馆CIP数据核字(2024)第105635号

生命中的那些暖
SHENGMING ZHONG DE NAXIE NUAN

出 版 人:	王能玉
策划编辑:	李冰冰　汪　琳
责任编辑:	于　芳　胡美娇　李勇军
装帧设计:	何宇清　张　松
责任印制:	陈善军

出版发行:安徽教育出版社
地　　址:合肥市经开区繁华大道西路398号　邮编:230601
网　　址:http://www.ahep.com.cn
营销电话:(0551)63683012,63683013
排　　版:安徽时代华印出版服务有限责任公司
印　　刷:合肥市宏基印刷有限公司

开　本:710 mm×1010 mm　1/16
印　张:9.25
字　数:120千字
版　次:2024年6月第1版
印　次:2025年6月第2次印刷
定　价:28.00元

(如发现印装质量问题,影响阅读,请与本社营销部联系调换)

编委会名单

主　　编　叶传平　刘劲凤
分册主编　杨正霞
编　　著　彭春梅　张杨
其他编委　葛守松　侯新旺　李妮

序

最是经典润人心

党的十八大以来,围绕着"内化于心、外化于行"的总目标与"落细、落小、落实"的任务要求,大中小学的社会主义核心价值观教育不断深入,守正创新,多措并举,取得了显著的成就,积累了很多典型的经验,极大增强了青少年一代的社会主义核心价值观认同与文化自信。同时,推动社会主义核心价值观融进中小学课堂教学,为青少年个人的健康成长以及培育德智体美劳全面发展的社会主义建设者和接班人奠定了坚实的基础。

在培育和践行社会主义核心价值观教育的学校教育实践中,教育工作者们始终秉持"为党育人、为国育才"的初心使命,贯彻落实立德树人的根本任务,基于青少年身心发展规律和社会主义核心价值观的形成规律,结合校情学情,深入挖掘传统德育,探索社会主义核心价值观教育的新路径,形成了社会主义核心价值观教育的良好氛围和校园文化。在培育社会主义核心价值观教育途径中,经典阅读得到广泛的应用并受到越来越多学校和教师的青睐。经典阅读作为社会主义核心价值观教育的重要路径，其根本原理在于社会主义核心价值观总是通过各种事件中人们的行为得以显现。价值观作为指引人们行为的正当性观念，它们不能脱离人们的行为而孤立存在，总是渗透、体现在人们的行为之中。我们要了解一个人或一个时代起支配作用的核心价值观，就必须考察那个人、那个时代人们的行为，特别是那些重大事件中人们的行为，从中理解他们或某个时代人们所面临的价值困惑、价值冲突以及所作出的价值抉择。

世界各国的教育体系都很重视经典教育，将经典作品作为博雅教育或通识教育的基本内容。之所以经典教育在教育史上有如此长盛不衰的魅力，是因为经典作品是时代的产物，一个时代的价值共识往往沉淀在经典文本中。学生们在经典文本的阅读中，可以通过一些具体的人和事与伟大的精神相遇，感悟兼济天下的情怀、超然物外的自由、卓然独立的人格魅力、慷慨激昂的豪迈品质，以及孤独执着的坚守、感同身受的同情、奔放洒脱的浪漫、大义凛然的不屈等精神的力量，在超越时空的灵魂对话与情感共鸣中，传承一个民族得以生生不息的核心价值观，不断强化自己的民族认同，同时使得个体的价值生命得到丰盈、扩展和持续成长。

如何运用好经典阅读这个途径开展价值观教育特别是社会主义核心价值观教育，是一个新课题。指向价值观教育的经典阅读绝不仅仅是以娱乐为主、消遣为要的浅阅读，而是有难度和深度的阅读。在倡导全民阅读的大背景下，很多孩子虽然有海量阅读，但在对作品的深度理解、价值判断以及与作品的情感共鸣等方面的表现并不突出，需要有效的阅读引导。有效的阅读引导并不只是停留在剖析文本基础上的知识传递，而是在问题探究、情感共鸣、思维共振基础上的对话。正是基于这样的实践认识，安徽省合肥市教育科学研究院组织一批来自一线的教师精心编撰了《"青春的底色"系列丛书》，以社会主义核心价值观为引领，以经典阅读为载体，以优化阅读方式为突破口，努力让学生在阅读经典之中享受阅读，在细读经典之中深化阅读，尝试走出一条经典阅读与社会主义核心价值观教育相融合的新路子。

我深信，该丛书的出版将有助于广大教师和家长们更有效地通过经典阅读开展青少年价值观教育特别是社会主义核心价值观教育，为孩子一生的成长及正确价值观的形成奠定基础。

石中英

清华大学教育学院院长

前言

阅读之花自主开放

阅读是对精神的滋养，经典是阅读的脊梁。要让青少年学生在人生成长的关键时期得到更多更好的滋养，为未来的发展奠基，就应该引导他们养成良好的阅读习惯，使他们在坚持阅读中受益终身。我们组织优秀教师团队历时近三年，以社会主义核心价值观教育为主旨，以经典阅读为载体，以中学生为主要对象，编撰出版《"青春的底色"系列丛书》。该丛书共 12 册，围绕社会主义核心价值观的 12 个主题词遴选经典文本，旨在传递价值共识，关照价值理性，在青少年中厚植社会主义核心价值观。该丛书得到清华大学教育研究院石中英教授的高度评价，我们将继续优化阅读指导，推动阅读分享，使之成为青少年精神成长的重要帮手。

以生为本，与学生对话

以生为本，是我们自始至终贯彻的原则。在单册书名、模块标题、板块设计等方面，我们充分征求、听取学生意见。例如，和谐篇《奏响和谐的旋律》、自由篇《扶摇而上九万里》等分册书名，以及"大河论坛""能量站""留言区"等板块都是学生智慧的集中体现。在呈现经典文本的同时，我们根据学生的认知与情感发展实际情况，精准引导学生阅读，启迪求异思维，强化自主阅读。丛书注重阅读引导，将阅读引导分为读前、读中和读后三个部分：读前"叩门引路"，以学生感兴趣的话题或背景故事激发阅读期待；读中注重文本细读，以对话的方式启发学生思考，提升学生阅读能力；读后"见微知著"，突出文本的价值亮点，注重价值观的提炼和升华。

精选篇目，与经典对话

内容选择上，我们以中华优秀传统文化、革命文化、社会主义先进文化为主，遴选优秀作家作品；体例设计上，以阅读任务群的模块化形式呈现，突出学生认知、阅读实际。以友善篇《生命中的那些暖》为例，该书围绕"友善"主题分为"与人为善""与物为春""以善汇友"三个模块，选取《道德经》中的《上善若水》、《论语》中的《温良恭俭让》、《诗经》中的《木瓜》、《国语》中的《里革断罟匡君》、陶渊明的《移居二首》等国学经典，还选取了老舍的《小麻雀》、巴金的《朋友》、路翎的《初雪》、王蒙的《善良》等现当代经典文本。

选编时，我们尽量保留经典文本的原汁原味。但为了给学生提供更加标准、纯净的文字，对于现当代文本或白话小说中个别不符合现代汉语语言规范的地方，编者或做了修改，或随文在括号内予以注解；对于国学经典，我们通过多版本比对，力求为学生提供最好的选择。在阅读中，我们通常以师生对话的形式，激发、提升学生的阅读思辨能力。

注重思辨，与灵魂对话

我们鼓励学生追求深度阅读，尝试引导学生读后说、做中学、思后写，提倡学生将阅读中的思考说出来，将说出来的感受写出来，将写出来的感悟进行交流，促使学生之间能形成彼此交流、相互启迪的学习氛围，希望学生在交流分享中成长。文本总是以静态的方式呈现，怎样变静态为动态，使学生由被动转化为主动？在版式设计中，我们为学生留下发挥的空间，希望学生将自己的所思、所悟、所感及时用圈画或批注的方式记录下来，真实地与心灵交流，与灵魂对话。

在编撰过程中，我们集思广益、博采众长，将坚守学科本位与打破学科壁垒相结合，将社会主义核心价值观教育与落实学科核心素养培育相结合，将提升阅读素养与促进学科教学相结合，将活跃阅读课与丰富常态课相结合，充分调动教师和学生的积极性、主动性、创造性，期待呈现出集腋成裘、厚积薄发的阅读效应。

该丛书也一定存在一些值得商榷的地方，敬请各位老师、同学提出意见与建议，我们一定积极改进、全力完善，为学生爱上阅读、爱好阅读，作出教育人应有的贡献。

合肥市教育科学研究院院长

目录

导言 [1]

与人为善 [3]

上善若水 [5]
温良恭俭让 [8]
木瓜 [11]
移居二首 [13]
  其一 [13]
  其二 [14]
又呈吴郎 [16]
六尺巷 [20]
伤害 [22]
搪瓷茶缸 [26]
钓鱼的医生 [29]
善良 [37]
初雪 [41]
能量站 [46]
一叶知春 [48]

与物为春 [49]

里革断罟匡君 [52]

汾水老姥 [55]

义犬 [57]

小麻雀 [60]

世界上最美丽的地方 [64]

苏丹的犀角 [68]

鄂温克的驼鹿 [74]

城市鸟巢 [80]

能量站 [84]

一叶知春 [88]

以善汇友 89

无以为质 92
唐诗四首 94
 于易水送别 94
 送柴侍御 95
 南浦别 95
 谢亭送别 96
鲁智深大闹野猪林 100
他在我心中布下科普创作的种子——忆陶行知先生 105
朋友 111
谈友谊 115
蓝五角星 120
能量站 129
一叶知春 131

导言

生命中的那些暖

"友"的甲骨文字形为 🖻，其形状像是往一个方向伸出的两只右手。右手在古代有力量、方便之意，两只右手放在一起表示协助、相助。"善"的意思是吉祥、美好，其爵文为 🖻，是个会意字，像个"羊"。羊是温和的动物，像羊那样"咩，咩"地温柔说话，就不会发生冲突，就是"善"。

中国是礼仪之邦，"友善"是为人处世的基本原则。与人为善，与物为春，积善成德，百川归海，"友善"能够最大程度地凝聚整合各方力量，是维护社会和谐发展的道德保障。

与人为善

> 取诸人以为善,是与人为善者也。
> 故君子莫大乎与人为善。
> ——《孟子》

阳阳：淋雨时撑开的一把伞，跌倒时伸过来的一双手，失意时迎面绽放的一个微笑……微不足道的一个善意，可能会成为温暖一生的回忆。

沐沐：我们每个人都接受过善意，也给予过他人善意。

灿灿：赠人玫瑰，手留余香。与人为善，既能温暖别人，也能照亮自己。

温暖老师：公民道德素养的提升、社会的有序，甚至国家的稳定，都离不开人与人之间的良性互动。大家说一说，怎样才能做到"与人为善"。

沐沐：大家都喜欢与内心善良、品性淳朴的人交往。我觉得首先要有善心，存善念。

灿灿：有善心，还要有善举。在日常生活中，我们要设身处地的为别人着想，推己及人。"己所不欲，勿施于人"，就是一种与人为善的行为。

阳阳：大海收容每一股溪流，不论其清浊，所以大海无边无际。和而不同，包容对方，学会欣赏别人的优点；反躬自省，善与人同，从不断学习中完善自我，也是一种与人为善的表现。

生命中的那些暖

【叩门引路】 水滋养万物,又不与万物相争。它谦逊恭卑,总是从高处往低处流;它随遇而安,在最幽暗污浊的环境里也能安之若素;它刚柔并济,看似柔弱却能"水滴石穿";它冰清玉洁,却能处浊不怨,荡涤世间污垢……中国古代著名思想家老子高度赞美水的品性,认为"上善若水",以水之德窥处世之道,感悟出为人处世的"七善"。

上善若水

与人为善

上善①若水。水善利万物而不争,处众人之所恶②,故几③于道。

居善地④,心善渊⑤,与善仁⑥,言善信,政善治,事善能,动善时。夫唯不争,故无尤⑦。

温暖老师:

商务印书馆2022年4月第2版《古代汉语字典》列举了"善"在文言中的多种用法和意思。它可以作为名词,表示善事、好的行为;可以作为形容词,表示好的、善良的;可以作为动词,表示喜好、擅长……这篇文章多处出现"善"字,你在阅读的过程中可以联系上下文分辨它们各自的用法和意思吗?

【注释】

①上善：指上善之人，也可指最高尚的品德。

②恶（wù）：厌恶，不喜欢。这里指水所处的低洼之地，可能是人们厌恶、不喜欢的地方。

③几：差不多，接近。

④居善地：这里的意思是居住善于选择合适的地方，引申义指为人处世要放低姿态，待人谦逊。居，指居住，停留。地，指地方，处所。

⑤心善渊：这里的意思是心胸要像水一样沉静，汇纳百川。心，指心胸，心境。渊，指深沉，沉静。

⑥与善仁：这里的意思是水润泽万物不图回报，启示我们与人交往不要计较得失，要抱有善意，施以善行。与，指与别人交往、相处。仁，指仁爱，友善。

⑦尤：埋怨，责怪。

温暖老师：
请你仿照注释中前"三善"的解释，说一说其余"四善"的意思及其与水的关系。

【见微知著】

"上善若水"的思想中蕴含着丰富的道德内涵，有谦恭低调的礼让精神、海纳百川的包容品格、自在平和的人生智慧……中华文化之所以能兼容并蓄、源远流长，与此不无关系。如果我们都能以"上善若水"为准则，内心谦虚豁达，慈善仁爱；与人交往心无成见，真诚不妄；行为处事坚守初心，勤勉不懈，人和人之间的关系就会得到友善的润泽。

【小课堂】老子是谁?

老子,姓李名耳,号老聃,生活在春秋时期。据说老子在周朝的王室"图书馆"工作,以博学闻名,孔子曾经特地去向他请教。后来,他厌倦了争端和战乱,离开家乡四处云游。他骑着一头大青牛来到当时的西部边境函谷关。把守关口的长官尹喜对老子说:"先生出关,不知何时能回,请给我们留下您的一部著作吧。"老子在函谷关住了几天,写了一篇著作,这篇著作就是《道德经》。全书的中心思想是"道法自然",一共只有5000多字,却深远地影响到哲学、政治、文学等诸多领域。

2014年11月11日,安徽省涡阳县和河南省灵宝市的《老子传说》被列入第四批国家级非物质文化遗产代表性项目名录(民间文学类)。

【叩门引路】 你如何对待别人，别人就会如何对待你。如果你温和谦让，别人就会以礼相待。两千多年前，著名思想家、教育家孔子周游列国时，百姓很乐意向他请教，他受到很多人的尊敬。他为什么会有这么大的魅力呢？

温良恭俭让

子禽问于子贡曰："夫子至于是邦①也，必闻其政，求之与②？抑③与之与④？"

子贡曰："夫子温⑤、良⑥、恭⑦、俭⑧、让⑨以得之。夫子之求之也，其诸⑩异乎人之求之与？"

（选自《论语》）

温暖老师：

《论语》中还有很多内容能彰显"温、良、恭、俭、让"的品行，你可以找出来读一读。

【注释】

①邦：指当时的诸侯国。

②求之与：（这是他自己）求来的吗？与，同"欤"，表疑问、感叹或反诘语气，相当于"吗""吧""啊"。

③抑:还是。

④与之与:(还是别人)主动给予呢?

⑤温:温和。

⑥良:善良。

⑦恭:恭敬。

⑧俭:节俭。

⑨让:谦逊,谦让。

⑩其诸:表示不肯定的语气词,意为大概、或者。

【故事汇】

子贡,孔子的弟子,复姓端木,名赐,能言善辩,办事通达。他不仅当过卫、鲁两国的宰相,还善于经商,富甲一方。他虽然很有才华,但自始至终都很谦恭,很尊敬自己的老师。孔子死后,他守墓6年以表敬重。有一次,鲁国一位大夫贬低孔子,盛赞子贡。子贡听了以后非常气愤,努力维护自己的老师。他以房子为喻,说孔子是一栋围墙高几丈、富丽堂皇的大房子,自己不过是围墙只有肩高、一眼就可望尽的矮房。

【见微知著】

温、良、恭、俭、让,是善的表现,也是仁者与人为善的方法。要想真正做到它很不容易,需要后天不断学习,加强修养。孔子不耻下问、善与人同的乐学精神,也是他能做到温、良、恭、俭、让的重要原因。

【邀你读书】

　　《论语》是记录孔子及其弟子言行的语录文集，内容涉及道德、修养、教学、礼乐、政治、人格等多个方面。孔子去世以后，他的弟子和再传弟子将他之前口头记诵的语录言行收集并记录下来。"论"有"纂（zuǎn，编辑）"的意思；书中主要内容是记载孔子及其弟子的言行，为"语"。所谓"论语"，就是指将孔子及其弟子的言行记载下来编纂成书。

　　《论语》的篇名通常取自开篇的前两个字，若开篇前两个字是"子曰"，则跳过"子曰"取句中的前两个字；若开篇三个字是一个词，则取前三个字。

　　《论语》辞约义富，用意深远，如"三人行，必有我师焉""吾日三省吾身""温故而知新，可以为师矣"……让我们一起去读一读这部著作吧！

【叩门引路】 春秋时期,诸侯争霸。卫国被狄国打败,卫国国君在逃跑时被齐桓公所救。齐桓公不仅给卫国人土地,还赠送了很多物品。卫国人很感激齐桓公,于是作了这首诗赞美他。

木瓜

投①我以木瓜②,报③之以琼琚④。匪⑤报也,永以为好⑥也。
投我以木桃⑦,报之以琼瑶。匪报也,永以为好也。
投我以木李⑧,报之以琼玖。匪报也,永以为好也。

(选自《诗经》)

阳阳: 我发现这首诗一共只有三行,每行诗的句式和句意都没有太大变化。

温暖老师:

是的。"琼琚""琼瑶""琼玖",语虽略异,但意思相同;据李时珍《本草纲目》考证,"木瓜""木桃""木李"也是同一属的植物。《诗经》经常使用这种一唱三叹、回环往复的吟唱手法,你可以读一读,感受它在情感表达上所起的作用。

【注释】

①投：赠送，送给。

②木瓜：一种落叶灌木或小乔木，果实为长椭圆形，色黄而香，蒸煮或蜜渍后可供食用。古代有用瓜果作为信物的风俗。

③报：报答，回报，回赠。

④琼琚：美玉。后文"琼瑶""琼玖"同此义。

⑤匪：通"非"，不，不是，表示否定。

⑥好：友好，友善。

⑦木桃：果名，即楂（zhā）子，比木瓜小。

⑧木李：果名，即榠（míng）楂，又名木梨。

【见微知著】卫国国君吃着齐桓公赠送的木瓜时，会感念在心，轻轻吟唱；拿起齐桓公赠送的木桃时，会感念在心，深情吟诵……我们在一唱三叹中感受着人与人之间珍贵、绵长的情谊。雪中送炭、礼尚往来、知恩图报是中华民族的传统美德。友善是能够传递的。《诗经》中有"投我以桃，报之以李"；《增广贤文》中亦有"滴水之恩，当涌泉相报"；汉代贾谊说："爱出者爱返，福往者福来。"你还能说出类似的经典名句吗？

【叩门引路】 古代以搬家为题材的诗歌不多,陶渊明的两首《移居》就是其中的著名篇章,写于陶渊明隐居期间。隐士大多喜欢寻僻静幽深的山林居住,但对陶渊明而言,隐居并不意味着独处,他期待的是与淳朴生活相协调的人际关系。因为在南村有很多知心好友,所以陶渊明选择搬到那里。

与人为善

移居二首

东晋 陶渊明

其一

昔欲居南村,非为卜其宅①。
闻多素心人②,乐与数晨夕。
怀此颇有年,今日从兹役③。
敝庐何必广,取足蔽床席④。
邻曲时时来,抗言谈在昔⑤。
奇文共欣赏,疑义相与析⑥。

阳阳:
诗中场景似曾相识。我和同桌有时会因分享一本好书而开怀大乐,有时又会为一道题目争论得面红耳赤都不罢休。

沐沐: 这首诗让我想起刘禹锡《陋室铭》中的"谈笑有鸿儒,往来无白丁"。

温暖老师：

"奇文共欣赏，疑义相与析"的场景总能引人无限遐想。请你展开想象，用自己的语言把诗人与邻居们一起"共欣赏""相与析"的场景描述出来。

其二

春秋多佳日，登高赋新诗。
过门更相呼，有酒斟酌之。
农务各自归，闲暇辄⑦相思。
相思则披衣，言笑无厌⑧时。
此理⑨将不胜⑩，无为忽去兹⑪。
衣食当须纪⑫，力耕不吾欺。

【注释】

①卜其宅：占卜问宅之吉凶。
②素心人：心地纯朴的人。
③兹役：指移居南村之事。
④取足蔽床席：能够放一张床、一条席子就可取了。
⑤邻曲时时来，抗言谈在昔：邻居经常来访，来后便高谈阔论往事。邻曲，邻居，指颜延之、殷景仁、庞通等，即所谓"素心人"。抗，通"亢"，高。在昔，即从前。
⑥析：剖析。

⑦辄（zhé）：就。
⑧厌：满足。
⑨此理：与邻人交往中悟得的道理。
⑩将不胜：岂不美妙。
⑪无为忽去兹：不要忽然离开这里。
⑫纪：经营，整理。

与人为善

【见微知著】

俗话说：远亲不如近邻。生活的美妙在于轻松畅快的交流，"邻曲时时来，抗言谈在昔"；生活的美妙在于与同道中人的分享，"奇文共欣赏，疑义相与析"；生活的美妙在于呼朋唤友的放松娱乐，"过门更相呼，有酒斟酌之"；生活的美妙在于温暖真诚的惦记和牵挂，"农务各自归，闲暇辄相思"……有善邻好友相伴共度晨夕，敝庐虽小，却乐在其中。陶渊明没有把生命损耗在追名求利中，也没有任诞疏狂地轻视生活。他亲近自然，自食其力，结交朋友。对于生命和生活，他表现出一种成熟的智慧。陶渊明的选择启示我们：不要把感官局限于对物质欲望的满足，在志趣相投的精神共鸣中，质朴的生活也很美好。移居南村的陶渊明还与邻居们组团出游，并创作出他晚年的重要作品《游斜川》，可见邻居们的重要性。

【叩门引路】唐代宗大历二年(767年),即杜甫漂泊到四川夔州的第二年,他住在瀼西的一所草堂里,西边邻居是个穷苦的老妇人。草堂前有几棵枣树,老妇人常来打枣,杜甫从不干涉。后来,杜甫把草堂让给一位姓吴的亲戚(即诗中吴郎)居住。不料这位亲戚一来就插上篱笆,禁止打枣。杜甫得知,立即写此诗呈给吴郎。

又呈吴郎

唐 杜甫

堂前扑枣任西邻,无食无儿一妇人。
不为困穷宁有此?只缘①恐惧转须亲②。
即防远客③虽多事④,便插疏篱⑤却甚真。
已诉征求⑥贫到骨,正思戎马⑦泪盈巾。

温暖老师:

古人写书信,同辈之间用"呈",给晚辈用"简"。吴郎的年辈要比杜甫小,杜甫以诗为札,不用"简",而有意地用了"呈"。杜甫为什么要用这个似乎和对方身份不大相称的敬词呢?

读者留言:

插画 张秀秀

阳阳：

吴郎"便插疏篱"是"真"，诗人为什么不直接指出他的做法不妥，反而先写妇人"多事"？

温暖老师：

"曲笔"是中国古诗词中常见的一种艺术手法，是作者为达到特定目的或增强效果，不直接叙述，而采用委婉表达的一种笔法。这句诗表面上指责了老妇人对新主人的戒备心态，实际上是在维护吴郎自尊的同时，委婉劝说他要与人为善，可见杜甫的用心良苦。

【注释】

①缘：因为。

②转须亲：反而更要（对老妇人）表示亲近。转，转变。亲，亲近，亲善。

③防远客：老妇人对远来的新主人存有戒心。防，防备。远客，指吴郎。

④多事：多心，多虑。

⑤插疏篱：（吴郎）插了一些稀疏的篱笆。

⑥征求：指赋税征敛。

⑦戎马：战争，指兵荒马乱的时局。

【见微知著】 这是一首劝勉诗，目的是劝说新主人吴郎不要拒绝西邻老妇扑枣。全诗共八句，每句七个字，是一首七言律诗。其中，两句为一联，共四联。四联分别是首联、颔联、颈联和尾联。首联是现身说法，用自己的行动来启发对方。颔联设想老妇人的境遇，激发别人的同情心。颈联用曲笔来表达劝勉意图。尾联借用老妇人的诉苦，指出了民不聊生的现实和矛盾根源，进一步开导吴郎。作者以诗为札，措辞真诚委婉，入情入理，既很好地表达了劝勉意图，又照顾到了劝勉对象的感受。善良和爱，是人生最美的修行。

【邀你读书】

　　杜甫（712年～770年），字子美，自号少陵野老，唐代著名现实主义诗人。无论处在多大的苦难中，他始终怀抱"致君尧舜上，再使风俗淳"的善念。在这首《又呈吴郎》中，他自己漂泊无依，却惦记着老妪需扑枣果腹；在《茅屋为秋风所破歌》中，他身穿单衣睡茅屋，却心怀天下忧寒士。他的"三吏"（《新安吏》《石壕吏》《潼关吏》）和"三别"（《新婚别》《垂老别》《无家别》），猛烈抨击了当时的社会黑暗，真实记录了底层百姓水深火热的生活，饱含对弱者的同情和深切关怀，被称为"不朽的史诗"。

【叩门引路】 安徽桐城有一处旅游打卡点，这个打卡点叫六尺巷。到桐城的游客都会去这条巷子看看。这条巷子看上去很普通，为什么吸引了络绎不绝的游客？

六尺巷

清 姚永朴

张文端公①居宅旁有隙地②，与吴氏邻，吴越用之。家人驰书于都，公批诗于后寄归，云："一纸书来只为墙，让他三尺又何妨。长城万里今犹在，不见当年秦始皇。"吴闻之感服③，亦让三尺。其地至今名为六尺巷。

【注释】

①张文端公：即张英（1637年～1708年），字敦复，号乐圃，安徽桐城人。清代名臣，历任兵部侍郎、礼部侍郎、工部尚书、文华殿大学士等职。

②隙地：空地。

③感服：感动佩服。

> 阳阳：
> 张家和吴家因为墙起纷争，张英写诗劝诫家人不要斤斤计较，要宽容大度，但他为什么要以万里长城和秦始皇为例？

沐沐：

人生如逆旅，我亦是行人。如果连"千古一帝"秦始皇都不能长久地拥有万里长城，那么张家能够永远占用这座居宅吗？

温暖老师：

谦让，不应该是刻意为之，而应是我们通达生命后自然而然的行为，是生命本来就应该有的样子。

与人为善

【见微知著】

"六尺巷"的故事之所以为人们所传颂，在于它传递了中华民族友善礼让、宽容谦和的美德。友人者，人恒友之；敬人者，人恒敬之。一个懂得友善、礼让，讲究胸襟、格局的人，脚下的路只会越走越宽，犹如春风拂面！小到一个人、一个家，大到一个民族、一个国家，莫不如此。

【叩门引路】 抗日战争爆发初期,作家巴金辗转于抗战大后方,经历了无数次日军的轰炸,目睹了战争造成的无数人间悲剧,内心受到巨大触动。他怀着悲悯之心写下散文《伤害》。文中这个六七岁的小乞丐,是当时因战争而变成孤儿的无数中国儿童中的一个。

伤害

现当代 巴金

一个初冬的午后,在泸县城里,一条被燃烧弹毁了的街旁,我看见一个黑脸小乞丐寂寞地立在面食担子前,用羡慕的眼光,望着两个肥胖孩子正在得意地把可口的食物往嘴里送。

温暖老师:
第一段中,哪一句话交代了这个故事发生的背景?请你找出来,并猜测这个孩子沦为小乞丐的原因。

我穿着秋大衣,刚在船上吃饱饭,闲适地散步到街上来。

但是他,这个六七岁的孩子,赤着脚,露着腿,身上只披一块破布,紧紧包住他那瘦骨的一身黑皮在破布的洞孔下发亮。他的眼睛无光,两颊深陷,嘴唇干瘪得可怕,两只干瘦得像鸡爪的手无力地捧着一个破碗,压在胸前。

他没有温暖,没有饱足。他不讲话,也不笑。黑瘦的脸上涂着寂寞的颜色。

我不愿多看他,便匆匆走过他的身旁。但是我又回转来,因为我也不愿意就这样地离开他。

> **阳阳：**不愿多看，也不愿离开，表现出作者的矛盾心态。

> **温暖老师：**
> 想一想，作者"不愿多看他"是什么原因？"不愿意就这样地离开他"又是因为什么？

  这样地一来一往，我在他的身边走过四五次。他不抬头看我一眼，好像他对这类事情并不感到惊奇。我注意地看他，才知道他的眼光始终停留在面食担子上。但甚至这眼光也还是无力的。

  我站在他面前，不说什么，递了一张角票给他。

  他也默默地接过角票，把眼光从担子上掉开。他茫然地看看我，没有一点表情，仍然不开口。于是他埋下眼睛，移动一下身子，又把脸掉向面担。两个胖小孩还在那里吃"连肝肉""心肺"一类的东西，口里"嘘嘘"作声。

  我想揩去他脸上的寂寞的颜色，便向他问两句话。他没有理我。他甚至不掉过头来看我。

  我想，也许他没有听见我的话，也许我的话使他不高兴。我问的是：你有没有家？有没有亲人？

  我不再对他说话，我默默地离开了他。我转弯时还回头去看那个面担，黑脸小乞丐立在担子前，畏怯地望着卖面人，右手伸到嘴边，一根手指头衔在口里。两个肥胖小孩却站到旁边一个卖糖食的摊子前面去了。

  七天后我再到泸县城里，又经过那条街。仍然是前次看见的那样的街景。面食担子仍然放在原处。两个肥小孩还是同样得意地在吃东西。黑脸小乞丐仿佛也就站在一星期前立过的那个地方，用了同样羡慕的眼光望着他们。一切都没有改变。我似乎并没有在别处耽搁了一个星期。

我走到黑脸小孩面前，又默默地递了一张角票到他的手里。他也默默地接着，而且也茫然地看我一眼，没有表情，也没有动作。以后他仍旧把脸掉向面担。

我们两个都重复地做着前次的动作。我甚至没有忘记问他：你有没有一个家？有没有一个亲人？

这次他仍旧不回答我，不过他却仰起头看了我一两分钟。我也埋下眼睛去看他的黑脸。茫然的表情消失了。他圆圆地睁着那对血红的眼睛，泪水像线一样地从两只眼角流下来。他把嘴一动，没有发出声音，就猝然掉转身子，用劲地一跑。

阳阳：
这个孩子有钱买吃的了，应该高兴才对，为什么会无声地哭泣？

读者留言：

我在后面唤他，要他站住。他不听我的话。我应该叫他的名字，可是我不知道他有什么样的姓名。我站在面担前，希望能够看见他回来。然而他的瘦小身子像一股风似的飘走了，并没有一点踪迹。

我等了一会儿，又走到旁边那个在废墟上建造起来的临时广场上，跟着一些本地人听一个老烟客讲明太祖创业的故事。那个老烟客指手画脚地讲得津津有味。众人都笑。我却不作声。我的心并不在这里。

过了半点多钟，这附近还不见那个黑脸小孩的影子。我便到城里各处走了一转，后来再经过这个地方，我想，他应该回来了，但是我仍旧看不到他。那两个肥胖小孩还在面担前吃东西。

我感到疲倦了。我不知道黑脸小孩住在什么地方，或者他是否就有住处。我不知道他什么时候可以再到这里来。看见阳光离开了街市，我觉得疲倦增加了。我想回到船上去休息。

最后我终于拖着疲倦的身子离开了泸县。那一段路是不容易走的，我的心很沉重。我想到那个黑脸小孩和他的突然跑开，我知道自己犯了过失了。

我为什么两次拿那问话去折磨他呢？这原是明显的事实：要是他有家，有亲人，他还会带着冻和饿寂寞地立在街旁么？他还会像一棵枯草，一只病犬那样，木然地、无力地捱着日子么？

他也许不知道家和亲人的意义。但是他自己和那两个胖小孩间的差别，他应该了解罢。从这差别上他也许可以明白家和亲人的意义的。那么，我大大地伤害了他，这也是很明显的事实了。

今天，八个月以后的今天，我还记得那个黑脸小孩的面貌和他两只眼角的泪水。他一定早忘记了我。但是我始终忘不掉他。我想请求他那小小的心灵宽恕我。然而我这些话能够达到他的耳边么？他会有机会看到我的文章么？

我不知不觉间在那个时候犯了不可补偿的过失了。

【见微知著】

孩子失去母亲，妻子失去丈夫……战争使人们失去挚爱、亲人，给人们带来的不仅是肉体创伤，更多的是心灵伤害。作者帮助了黑脸小乞丐，又因意识到自己的问话伤害到孩子的心灵而忏悔。作者的忏悔是对个体在战争中承担的角色与责任的思考。虽然战争给人们带来了伤害，但人与人之间的温情和友善可以抚慰战争带来的创伤。

【叩门引路】一支坏掉的水笔、一本翻到卷起的书、一块漂亮的鹅卵石……你有没有对一些在别人看来很普通、甚至微不足道的物件怀有特殊的感情?

搪瓷茶缸

当代 万全

每走进百货公司,看到那些洁白的、柔和的、米黄色的和花色诱人的搪瓷茶缸,总感到一种愉快。

> **温暖老师:**
> 在第一段中,作者通过什么方式开门见山地表达了对搪瓷茶缸的喜爱?

> **阳阳:**
> "洁白""柔和""米黄色""花色诱人",作者一连用了四个美好的词语来形容原本普通的搪瓷茶缸,充满温情。搪瓷茶缸对作者一定有非同寻常的意义!

上中学的时候,由于少女的洁癖,喜欢使用白色的搪瓷器皿。记得那时候要买一只瑞典货的纯白大茶缸,要花五块多光洋,得进"惠罗公司"之类外国铺子。一九三九年在重庆,某商店从滇缅路运进来一批搪瓷茶缸,价钱当然比战前更贵。我凑足了钱,托朋友进城捎了一只;我的朋友也许过于紧张,一出商店门就将茶缸掉在地上,摔脱了一块瓷。

以后，我带着这只有疤痕的茶缸进了抗日根据地。它的用途倒意外地多起来了——喝水、盛饭、热菜，给生病的同志煮粥，必要时还可以代行"面盆""浴缸"的职责。从此，茶缸和我有了进一步的"战斗的友情"。

一九四六年来到北平。很想买一只新的茶缸，代替那只为我鞠躬尽瘁的旧茶缸。可是当时的北平还不易买到这玩意。有一次，在东单小市上（亲爱的读者，现在的东单街心花园和王府井大街路旁，当年曾布满卖旧货的小摊，那是为衣食所迫的人们替那些购买力低微的人们所准备的市场），在一个只有几件售品的地摊上，我发现了一只纯白的瑞典茶缸。这正是我所需要的。可是地摊女主人的索价超过我的购买力。我希望她降低售价，她竟眼泪盈眶；这时我才发觉她是一个知识分子模样的青年妇女。她解释说家有病人等钱吃药，所卖的是自己家用的东西。我马上尽我所有付了价款。她劝说我再买一件什么，我虽然心情沉重，很想帮她的忙，但也实在没有钱了。以后，离开了北平，这只茶缸又陪伴我经历了解放战争中的几年，而且，它常常使我清晰地回忆起那位青年妇女的含泪的眼神——在穷困与内战中经受着痛苦的北平人民的眼神。

一九四九年又进入城市。我的丈夫以他的全部零用钱买了一只米黄色茶缸赠我，作为胜利的纪念。这一只是美国货，当时百货店说："这种米色搪瓷只有美国货。"可惜，它对于我并不重要了。一来因为年岁增加，已经失去对于某些生活小节的执着；二来和平的城市生活中，茶缸的用途已经回复正常。可是，至今我碰到各种搪瓷茶缸，仍不免要看它们一眼。因为像瑞典货一样纯白的也好，"只有美国货"的米黄色的也好，都已经是我们中国的出品了；而且品种花色常在增加，价钱也便宜得多了。

当年东单地摊上那位出卖了自用茶缸的主妇，想必早已添置了我国自制的新的茶缸吧。

阳阳：

作者由眼前的茶缸，联想到了当年北平东单地摊上的主妇。冰心在《小桔灯》中也使用过类似的结尾。言已尽而意无穷。

【小课堂】怎样使用过渡句？

过渡句是一种常见的句式，一般在接驳处起承上启下的作用。这篇文章篇幅虽短，却井然有序地写了作者在三个时期的不同经历和情感，前后跨度达几十年，这主要得益于过渡句的使用。请你找出各个时期之间的过渡句，用彩色的笔标出来，为写作积累方法吧！

【见微知著】作者用生活中常见的搪瓷茶缸串联起抗战时期、内战时期和胜利解放三个不同时期，用温暖的笔触将同志间的友爱、对陌生人的同情和夫妻间的爱情娓娓道来。因为承载着美好的回忆和情感，普通的物件也熠熠生辉。尽管现在茶缸的用途"对于我并不重要了"，但"我"仍难以忘却它。之所以会有这种感情，是因为搪瓷茶缸已成为作者的感情寄托，它象征着艰难岁月中的友善互助，象征着美好生活中的安宁和平。

【叩门引路】 "人淡如菊"这个成语一般用来形容人的品性高洁。这篇文章写了一个普通的乡间医生,叫王淡人。他用初心做善事,不计回报,但在有些人眼里他很"傻"。亲爱的朋友,你怎么看待这种"傻"劲?

钓鱼的医生

当代 汪曾祺

阳阳: 医生不是应该治病救人吗?为什么要写他钓鱼?

温暖老师:

七年级语文书中有一篇课文《植树的牧羊人》。这篇课文讲了一个离群索居的牧羊人坚持种树,创造了奇迹,使荒漠变绿洲的故事。《钓鱼的医生》和《植树的牧羊人》标题类似。请你说一说作者为什么要这样起标题。

这个医生几乎每天钓鱼。

他家挨着一条河。出门走几步,就到了河边。这条河不宽。会打水撇子(有的地方叫打水漂,有的地方叫打水片)的孩子,捡一片薄薄的破瓦,一扬手"忒忒忒忒",打出二十多个,瓦片贴水漂过河面,还能蹦到对面的岸上。这条河下游淤塞了,水几乎是不流动的。河里没有船。也很少有孩子到这里来游水,因为河里淹死过人,都说有水鬼。这条河没有什么用处。因为水不流,也没有人挑来吃。只有南岸的种菜园的每天挑了浇菜。再就是有人家把鸭子赶到河里来放。河南岸都是大柳树。有的欹侧（qī cè，倾斜、歪斜）着，柳叶都拖到了水里。河里鱼不少，是个钓鱼的好地方。

你大概没有见过这样的钓鱼的。

他搬了一把小竹椅，坐着。随身带着一个白泥小炭炉子，一口小锅，提盒里葱姜作料俱全，还有一瓶酒。他钓鱼很有经验。钓竿很短，鱼线也不长，而且不用漂子，就这样把钓线甩在水里，看到线头动了，提起来就是一条。都是三四寸长的鲫鱼。——这条河里的鱼以白条子和鲫鱼为多。白条子他是不钓的，他这种钓法，是钓鲫鱼的。钓上来一条，刮刮鳞洗净了，就手就放到锅里。不大一会儿，鱼就熟了。他就一边吃鱼，一边喝酒，一边甩钩再钓。这种出水就烹制的鱼味美无比，叫作"起水鲜"。到听见女儿在门口喊："爸——！"知道是有人来看病了，就把火盖上，把鱼竿插在岸边湿泥里，起身往家里走。不一会，就有一只钢蓝色的蜻蜓落在他的鱼竿上了。

这位老兄姓王，字淡人。中国以淡人为字的好像特别多，而且多半姓王。他们大都是阴历九月生的，大名里一定还带一个菊字。古人的一句"人淡如菊"的诗，造就了多少人的名字。

王淡人的家很好认。门口倒没有特别的标志。大门总是开着的，往里一看，就看到通道里挂了好几块大匾。匾上写的是"功同良相"、"济世救人"、"仁心仁术"、"术绍岐黄（绍，继承；岐，qí；岐黄指岐伯和黄帝，相传为中医的始祖）"、"杏林春暖"、"橘井流芳"、"妙手回春"、"起我沉疴（kē，病）"……医生家的匾都是这一套。这是亲友或病家送给王淡人的祖父和

【故事汇】

从前，黄河缺口造成瘟疫横行。一户苏姓人家用檐下井水煮园前橘叶喝下，幸免于难。苏家将此法传于家家户户，一方百姓都度过了瘟疫。后人遂用"橘井流芳"来传颂苏家人治病救人的高尚德行。

父亲的。匾都有年头了，匾上的金字都已经发暗。到王淡人的时候，就不大兴送匾了。送给王淡人的只有一块，匾很新，漆得乌亮，匾字发光，是去年才送的。这块匾与医术无关，或关系不大，匾上写的是"急公好义"，字是颜体。

　　进了过道，是一个小院子。院里种着鸡冠、秋葵、凤仙一类既不花钱，又不费事的草花。有一架扁豆。还有一畦瓢菜。这地方不吃瓢菜，也没有人种。这一畦瓢菜是王淡人从外地找了种子，特为种来和扁豆配对的。王淡人的医室里挂着一副郑板桥写的（木板刻印的）对子："一庭春雨瓢儿菜，满架秋风扁豆花。"他很喜欢这副对子。这点淡泊的风雅，和一个不求闻达的寒士是非常配称的。其实呢？何必一定是瓢儿菜，种什么别的菜不也是一样吗？王淡人花费心思去找了瓢菜的菜种来种，也可看出其天真处。自从他种了瓢菜，他的一些穷朋友在来喝酒的时候，除了吃王淡人自己钓的鱼，就还能尝到这种清苦清苦的菜蔬了。

> **阳阳：**
> 王淡人是个医生，但文章开头没有写他行医，反而用很大篇幅写他钓鱼的场景、家中的牌匾和院子里种的花草。

> **温暖老师：**
> "烘托"是一种写作手法，指从侧面写别的人、事、物，使主要事物、人物更加鲜明突出。烘托类型多样，有场景烘托、以物烘托、借人烘托；有相得益彰的正托，也有形象相异、性质相反的反托。结合文章内容想一想，开头这几段烘托了王淡人哪些性格特点？用了哪些烘托类型？

　　过了小院，是三间正房，当中是堂屋，一边是卧房，一边是他的医室。

他的医室和别的医生的不一样，像一个小药铺。架子上摆着许多青花小瓷坛，坛口塞了棉纸卷紧的塞子，坛肚子上贴着浅黄蜡笺的签子，写着"九一丹""珍珠散""冰片散"……到处还有一些大大小小的乳钵，药碾子、药臼、嘴刀、剪子、镊子、钳子、钎子、往耳朵和喉咙里吹药用的铜鼓……他这个医生是"男妇内外大小方脉"，就是说内科、外科、妇科、儿科，什么病都看。王家三代都是如此。外科用的药，大都是"散"——药面子。"神仙难识丸散"，多有经验的医生和药铺的店伙也鉴定不出散的真假成色，都是一些粉红的或雪白的粉末。虽然每一家药铺都挂着一块小匾"修合存心"，但是王淡人还是不相信。外科散药里有许多贵重药：麝香、珍珠、冰片……哪家的药铺能用足？因此，他自己炮制（páo zhì，指用中草药原料制成药物的过程）。他的老婆、儿女，都是他的助手，经常看到他们抱着一个乳钵，握着乳锤，一圈一圈慢慢地磨研（散要研得极细，都是加了水"乳"的）。另外，找他看病的多一半是乡下来的，即使是看内科，他们也不愿上药铺去抓药，希望先生开了方子就给配一服，因此，他还得预备一些常用的内科药。

城里外科医生不多，——不知道为什么，大家对外科医生都不大看得起，觉得都有点"江湖"，不如内科清高，因此，王淡人看外科的时间比较多。一年也看不了几起痈疽重症，多半是生疮长疖子，而且大都是七八岁狗都嫌的半大小子。常常看见一个大人带着生癞痢头的瘦小子，或一个长痄腮的胖小子走进王淡人家的大门；不多一会，就又看见领着出来了。生癞痢的涂了一头青黛，把一个秃光光的脑袋涂成了蓝的；生痄腮的腮帮上画着一个乌黑的大圆饼子，——是用掺了冰片研出的陈墨画的。

这些生疮长疖子的小病症，是不好意思多收钱的，——那时还没有挂号收费这一说。而且本地规矩，熟人看病，很少当下交款，都得要等"三节算账"，——端午、中秋、过年。忘倒不会

> **阳阳**：这些敷了药的病人让人印象很深刻！

> **温暖老师**：
> 细节描写能够有力刻画人物性格，突出人物特点。这处细节描写使用白描手法写被王淡人医治后的病患，意在表现王淡人用药的货真量足，突出他的"真"。这与上文的哪一处呼应？

忘的，多少可就"各凭良心"了。有的也许为了高雅，其实为了省钱，不送现钱，却送来一些华而不实的礼物：枇杷、扇子、月饼、莲蓬、天竺果子、腊梅花。乡下来人看病，一般倒是当时付酬，但常常不是现钞，或是二十个鸡蛋，或一升芝麻，或一只鸡，或半布袋鹌鹑！遇有实在困难，什么也拿不出来的，就由病人的儿女趴下来磕一个头。王淡人看看病人身上盖着的破被，鼻子一酸，就不但诊费免收，连药钱也白送了。王淡人家吃饭不致断顿，——吃扁豆、瓢菜、小鱼、糙米和炸鹌鹑！穿衣可就很紧了。淡人夫妇，十多年没添置过衣裳。只有儿子女儿一年一年长高，不得不给他们换换季。有人说：王淡人很傻。

　　王淡人是有点傻。去年、今年，就办了两件傻事。

　　去年闹大水。这个县的地势，四边高，当中低，像一个水壶，别名就叫作盂城。城西的运河河底，比城里的南北大街的街面还要高。站在运河堤上，可以俯瞰城中鳞次栉比的瓦屋的屋顶；城里小孩放的风筝，在河堤游人的脚底下飘着。因此，这地方常闹水灾。水灾好像有周期，十年大闹一次。去年闹了一次大水。王淡人在河边钓鱼，傍晚听见蛤蟆爬在柳树顶上叫，叫得他心惊肉跳，他知道这是不祥之兆。蛤蟆有一种特殊的灵感，水涨多高，它就在多高处叫。十年前大水灾就是这样。果然，连天暴雨，一夜西风，运河决了口，浊黄色的洪水倒灌下来，平地水深丈二，大街上成了大河。大河里流着箱子、柜子、死牛、死人。这一年死于大水的，有上万人。大水十多天未退，有很多人困在房顶、树顶和孤岛一样的高岗子上挨饿；还有许多人生病：上吐下泻，痢疾伤寒。王淡人就用了一根结结实实的撑船用的长竹篙拄着，在齐胸的大水里来往奔波，为人治病。他会水，在水特深的地方，就横执着这根竹篙，泅水过去。他听说泰山庙北边有一个被大水围着的孤村子，一村子人都病倒了。但是泰山庙那里正是洪水的出口，水流很急，不能容舟，过不去！他和四个水性极好的专在救生船上救人的水手商量，弄了一只船，在他的腰上系了四根铁链，每一根又分在一个水手的腰里，这样，即使是船翻了，他们之中也可能有一个人能把他救起来。船开了，看着的人的眼睛里都蒙了一层眼泪。眼看这只船在惊涛骇浪里颠簸出没，终于靠到了那个孤村，大家发出了雷鸣一样的欢呼。这真是玩儿命的事！

水退之后，那个村里的人合送了他一块匾，就是那块"急公好义"。

拿一条命换一块匾，这是一件傻事。

另一件傻事是给汪炳治搭背，今年。

汪炳是和他小时候一块掏蛐蛐、放风筝的朋友。这人原先很阔。这一街的老人到现在还常常谈起他娶亲的时候，新娘子花鞋上缀的八颗珍珠，每一颗都有指头顶子那样大！这家伙，吃喝嫖赌抽大烟，把家业败得精光，连一片瓦都没有，最后只好在几家亲戚家寄食。这一家住三个月，那一家住两个月。就这样，他还抽鸦片！他给人家熬大烟，报酬是烟灰和一点膏子。他一天夜里觉得背上疼痛，浑身发烧，早上歪歪倒倒地来找王淡人。

王淡人一看，这是个有名有姓的外症：搭背。说："你不用走了！"

王淡人把汪炳留在家里住，管吃、管喝，祖上传下来的麝香、冰片也为他用去了三分之一。一个多月以后，汪炳的搭背收口生肌，好了。

有人问王淡人："你干吗为他治病？"王淡人倒对这话有点不解，说："我不给他治，他会死的呀。"

汪炳没有一个钱。白吃，白喝，白治病。病好后，他只能写了很多鸣谢的帖子，贴在满城的街上，为王淡人传名。帖子上的言辞倒真是淋漓尽致，充满感情。

王淡人的老婆是很贤惠的，对王淡人所做的事没有说过一个不字。但是她忍不住要问问淡人："你给汪炳用掉的麝香、冰片，值多少钱？"王淡人笑一笑，说："没有多少钱。——我还有。"他老婆也只好笑一笑，摇摇头。

王淡人就是这样，给人看病，看"男女内外大小方脉"，做傻事，每天钓鱼。一庭春雨，满架秋风。

你好，王淡人先生！

温暖老师：

汪曾祺的父亲叫汪菊生，字淡如，是一位眼科医生。王淡人的原型就是汪曾祺的父亲。文章一直在用第三人称进行叙述，但结尾的"你好，王淡人先生！"将叙述视角从第三人称的"王淡人"转为第二人称的"你"，读起来就像作者跟王淡人打招呼，感觉很亲切。作者这样写想要表达什么情感？

读者留言：

生命中的那些暖

【见微知著】　《钓鱼的医生》选自汪曾祺作品《故乡人》，王淡人是《故乡人》中塑造的众多人物形象之一。王淡人的"傻"是善良，是厚道，是无私。汪曾祺的作品不仅为记录个人的温暖回忆，更为"有益于世道人心"。故乡不仅是我们生活过的家园，更是精神家园的所在。汪曾祺擅长塑造善良美好的平凡人物，这些平凡人物身上所展现出的真、善、美，体现了中华民族的传统美德。

【叩门引路】 现实生活中有时会上演"农夫与蛇"的故事。如果我们因为善良而受到伤害，我们还要继续保持善良吗？在这篇文章中，作家王蒙围绕当前社会出现的"善良病症"进行了辨析。

善良

当代 王蒙

"善良"似乎是一个早就过了时的字眼。在生存竞争中，在阶级斗争中，在各种各样的人际关系中，利益原则与实力原则似乎早已代替了道德原则。

我们当然也知道某些情况下一味善良的不足恃。我们听过不少关于善良即愚蠢的寓言故事。东郭先生、农夫与蛇，善良的农夫与东郭先生是多么可笑呀。故事告诉我们，如果你的对象是狼或者蛇，善良就是自取灭亡，善良就是死了活该，善良就是帮助恶狼或是毒蛇，善良就是白痴。

但我们也不妨想一想，那些需要帮助的人当中，那些等待着向他们伸出善良的援助之手的冻僵者或重伤者当中，有多大比例是毒蛇或者恶狼。我们还要问，宇宙万物中，有多大比例是毒蛇和恶狼？为了有限的毒蛇和恶狼而不惜将一切视为毒蛇和恶狼，不惜以对付毒蛇与恶狼的法则为自己的圭臬，请问这是一种什么疾病？

我们还可以问一下，我们以对待毒蛇和恶狼的态度对待过的那些倒霉蛋当中，又有多少人是经得住时间考验的当真的毒蛇和恶狼？如果说，面对毒蛇和恶狼而一味善良便是糊涂的农夫或东郭先生；那么面对并非毒蛇或恶狼的人却是坚决以对待毒蛇或恶狼的态度对待之，我们成了什么呢？是不是我们自己有点向蛇或狼靠拢呢？

阳阳： 作者在文中三、四两段用了很多反问句！

温暖老师：
反问句是修辞手法的一种，就是用疑问的句式，表达肯定的观点。反问的形式比一般的陈述句语气更加强烈，更能引起人们的深思与反思。你可以试着回答这些问句，并说说这些问句表明作者对善良持什么立场。

　　善良与凶恶相对的时候，前者显得多么稚弱而后者显得是多么强大呀。凶恶会毫不犹豫地向善良施出毒手，而善良却处于不设防乃至不抵抗的地位。凶恶是无所不为的，凶恶因而拥有各种各样的武器。而善良是有所不为的，善良的武器比凶恶少得多。善良常常败在凶恶手下。

　　然而人们还是喜欢善良，欢迎善良，向往善良。善良才有幸福，善良才能和平愉快地彼此相处，善良才能把精力集中在建设性的有意义的事情上，善良才能摆脱没完没了的恶斗与自我消耗，善良才能实现健康的起码是正常的局面，善良才能天下太平。

　　这就是善良的力量。善良的力量就在于它是人的。它属于人，它属于历史属于文明属于理性属于科学。它属于更文明更高尚更发展得良好的人。它属于更文明更民主更发展更富强的社会。

阳阳： 这段话中，多处都可以使用标点符号，为什么不用呢？

温暖老师：
标点是用来句读和表示语气的，你可以给这些句子增加标点，再读一读，并与原句比较，看看哪一种句式更能表达作者的意图。

凶恶每"战胜"一次善良就把自己压缩了一次，因为它宣告了自己的丑恶。善良每败于凶恶一次，就把自己弘扬了一次，因为它宣扬了自己的光明。

善良也是一种智慧，一种远见，一种自信，一种精神力量，一种精神的平安，一种以逸待劳的沉稳，一种文化，一种快乐，一种乐观。

善良可以与天真也可以与成熟的超拔联系在一起。多数情况下善良之不为恶非不能也，是不为也。善良的人不是不会自卫和抗争，只是不滥用这种"正当防卫"的权利罢了。事情往往是这样：小孩子是善良的，真正参透了人生与世界的强大的人也是善良的，而一瓶子不满半瓶子晃荡的人最不善良。

君子坦荡荡，小人长戚戚（出自《论语》，意思是君子光明磊落、心胸坦荡，小人则斤斤计较、患得患失）。恶人更是常常四面楚歌，如临大敌，其鸣也凄厉，其行也荒唐，其和也寡，其心也惶惶。而善良者微笑着面对现实，永远不丧失对于世界和人类、祖国、友人、理想的信心。

我喜欢善良。我不喜欢凶恶。我认为即使自以为是百分之百地代表着真理和正义，也不应该滥恶。滥恶本身就不是正义了。我相信，国人终归会愈来愈善良而不是相反。

【见微知著】 这是一篇情理兼具的论述文。文章逻辑严密,论证方式上采用"先破后立"的驳论法,从"'善良'似乎是一个早就过了时的字眼"引入,破除人们对善良的错误认识,在善恶对比和对善良含义的阐述中,表明自己的态度——批判凶恶,宣扬善良。"不愤不启,不悱不发",文中多处采用反问、排比、对比等修辞手法,语言严密,且饱含情感,极富张力,表现出作者强烈的人文情怀。

生命中的那些暖

【叩门引路】抗美援朝是中国人民支援朝鲜人民、抗击美国侵略的战争。美国出兵干涉朝鲜半岛南、北方的民族内战，直接威胁到中国国家安全。朝鲜劳动党和政府两次请求中国出兵支援。中共中央政治局作出"抗美援朝，保家卫国"的决策，组建以彭德怀为司令员兼政治委员的中国人民志愿军入朝作战。中国人民志愿军和朝鲜军民一道在极其艰苦的条件下与装备精良的美军英勇作战，经过两年零九个月的艰苦卓绝的战斗取得胜利。1952年底到1953年7月，作家路翎奔赴朝鲜战场进行实地体验和采访，回国后创作了一系列以志愿军为题材的小说，其中便包含《初雪》。

初雪

现当代 路翎

在十一月末的严寒的黄昏里，司机刘强和他的助手王德贵奉命从前线附近的地区往后面运送一批朝鲜老百姓。一车全是年老的和年轻的妇女，带着一群孩子和一个八九个月的婴儿。前沿的炮声在山谷里震荡着一阵阵的巨大的回响。刘强想到，几百公里的路程，而且夜里面天气要更冷的。于是他把孩子抱过来交给了驾驶室里十八岁的王德贵。

车上了大公路不久，敌机临空了，照明弹从前面一直挂过来了。这台车在照明弹的亮闪闪的照耀下箭一般地飞奔出去了。带着红色曳光弹的子弹不断落在他们周边，车下面的土地不时地在爆炸里震动着。刘强坚毅地瞧着前面，脸色略微有点灰白。他非常出色地驰过环山的公路，越过很多车辆。王德贵感动地看着他，注意到这个老司机的大衣脱落到后面去了，伸出手来替他拉上，于是发觉他的左肩的衣服已经叫鲜血浸湿了。

> **阳阳**：哎呀，原来他已经受伤了，所以脸色才会灰白！

刘强坚韧地从一条险陡的小路绕过了公路上堵塞着的一群车辆，来到了拥挤的桥头。

敌机正在云层里盘旋，找寻着目标。江的两岸，保护桥梁的高射炮和高射机枪在射击着，传来急促的剧烈的声音，灰暗的云层下面布满了一阵阵的红色的火星。车子一辆接着一辆，慢慢地驶上了刚修好的桥。

但刘强的车被管理桥头的一位工兵连长拦住了。工兵连长说，必须排好队按次序前进，因此，刘强应该退到大公路上去排队，否则就要等待已经排成一队的车辆过完。

"我来交涉去！"王德贵理直气壮地叫着，打开车门抱着孩子出去了。

刘强疲困地坐在那里，他听见小王说："同志，你想想吧，这并不是我们不遵守，……我们的司机负伤了，我们一台车并不妨碍大家呀！"

他又听见那工兵连长的非常疲劳的、冷淡的声音："不遵守制度就妨碍大家，……"

"小王，回来！"刘强有点烦躁又严厉地说，"遵守制度吧！"

王德贵没有来得及回答，他的怀里的、被他包在羊皮大衣里的那个男孩哇的一声哭起来了。这哭声是这么意外，大家都朝这边看着。小王一瞬间也被这哭声闹慌了，他不好意思地、赶紧地拍着孩子说，"别哭了，哭什么呀！"但立刻他的声音就不觉地变得非常柔和，他拍着孩子的屁股说，"不哭，啊，宝宝，咱们马上就要过桥了。"这时候敌机又经过顶空，高射炮猛烈地射击着，可是小王没有注意到这个，人们也没有注意到这个。

> **温暖老师：**
> 小王说的这两句话的语气有什么不同？请你试着读一读，说说小王为什么会有前后语气的转变。

那孩子继续地哭着。工兵连长奇怪地、沉闷地问："这是怎么搞的？你哪里弄来的这个孩子呀！"

"我弄来的？"小王激动地嚷着，"你没看见吗，咱们车上全是前面下来的朝鲜妇女！"随即他又拍着孩子的屁股，"不哭啦，小宝宝，过不了桥就呆着吧。"

听了一听敌机已经过去，工兵连长就打亮了手电，照见了那个在小王怀里动着四肢大哭着的、满脸眼泪的孩子，并且照见了小王那被孩子尿湿了一大片的羊皮大衣。在手电的反光里，刘强注意到工兵连长的疲乏的脸上有了一丝微笑，并且他那眼睛因讥诮和喜悦而发亮。

> **阳阳：**
> 这个工兵连长从烦躁、严厉到露出笑容，再到生气勃勃，态度不断转变。我觉得他会根据实际情况来处理事情，让刘强这辆车先走。

> **温暖老师：** 你能说说他态度转变的原因吗？

工兵连长讥讽地说，一下子变得生气勃勃了，"你看你这个样儿！'不哭啦，小宝宝，过不了桥就呆着吧。'你呆着吧！"

"难道不是这样的？"小王叫着。

周围的人们都看着孩子。这些疲困、受冻、焦灼的战士们、司机们，大家的脸上都露出了笑容。当那孩子的小手在手电的亮光里一下子扑打到小王的脸上去的时候，那个工兵连长脸上的笑容更明显了。大家于是懂得，这毛手毛脚的年轻的司机助手，为什么要求得这么理直气壮了。

…………

　　小王快乐地叫了一声爬上了司机台。于是这台车插入了正在行驶着的车子的行列中间，上了桥头。工兵连长和其他的司机们不觉地跟着这台车走了几步，然后就站在冷风中，听着马达的吼声中传来的孩子的哭声和小王的快乐的抚爱声——大家的脸上都长久地含着安静的、满足的笑容。

　　过了桥以后，刘强就有些支持不住了，他咬着下嘴唇，一声不响地开着车。他的头脑里闪过了一些图景。在一间亮着灯光的房子里，他的孩子们正在甜蜜地睡眠，小小的头歪在枕头边上，旁边摆着红花布做的新棉袄——那是奶奶亲手缝的。长方形的房间里堆满东西，这都是老人家的东西，于是房间里就有着陈年古旧的生活气味。想到这个，他觉得很宽慰。接着他又看见他的女人站在织布机旁，一边工作一边在想着："下雪了。他在前线怎么样呢？穿上棉衣没有呢？"

> **阳阳：**
> 这里为什么要插进一段刘强的家庭回忆？什么使他在"支持不住"的情况下，依然"一声不响地开着车"？

　　"下雪了，"王德贵快乐地说，"这是今年头一次下雪。"
　　"下雪了。"刘强心里愉快而安静。
　　"来吧，我来当会儿妈妈吧，这段路给你。将来你一定是个好司机！"刘强抱过了孩子。他带着庄严的幸福激动地坐上了驾驶的位置。

公路上，雪已经积起了三四寸。这台车平稳地前进着。

暄暄： 这么厚的雪，为什么车子还能"平稳地前进"？

温暖老师： 你说说看"平稳"指的什么，是谁给的"平稳"？

读者留言：

【见微知著】 战争是严肃而残酷的，但志愿军的胸膛是温暖的，心是柔软的。志愿军战士对朝鲜妇孺的帮助，凸显出温暖的人性关怀，以及两国人民对和平安宁的共同追求和向往。

【邀你读书】

在抗美援朝时期，和路翎一样深入战场前线的还有战地记者魏巍。魏巍（1920年～2008年），中国当代作家、诗人。1951年4月11日，他在《人民日报》刊登通讯《谁是最可爱的人》，在全国引起了广泛反响。作品通过三个真实而又典型的故事，热情歌颂志愿军战士的英雄气概、崇高品德，赞誉他们是"我们最可爱的人"。

【能量站】

能量站的服务宗旨是吸取更多的正能量，为需要帮助的人提供服务。今天，我们的能量站收到一封不一样的能量信件。

亲爱的小伙伴们：

你们好！

我想和你们分享一个发生在我身边的真实故事。因为这个故事让我震撼，让我重新认识了身边的人以及自己，希望更多的人能从中获得生命的启示。这是发生在我们肉类加工厂的故事。

下班前，有一名工人进入一座冷库检查，冷库门突然关上，他被困在了里面，并在死亡边缘挣扎了5个小时。

突然，门被打开了。工厂保安走进来救了他。

后来有人问保安："你为什么会想起打开那道门？这不是你日常工作的一部分啊！"

保安说："我在这家企业工作了35年。每天数以百计的工人从我面前进进出出，他是唯一一个每天早上向我问好并且下午跟我道别的人。"

"今天，他进门时跟我说过'你好'，但我一直没有听到他跟我说'明天见'。"

"我每天都在等待他的'你好'和'明天见'。我知道他还没有跟我道别，我想他应该还在这栋建筑的某个地方，所以我开始寻找并找到了他。"

能能

××年×月×日

读完这个真实的故事，你有什么想说的呢？快来参与我们的能量站互动话题吧！

互动留言区：

阳阳：
一个微笑，一声问好，一次握手便拉近了人与人的距离。那名工人用问候拉近了和保安的距离，给了自己重生的希望。小小的善意换来了他人的帮助，救了他自己。

灿灿：
每个人身边都有像保安这样"熟悉的陌生人"，我们每天都能见到他们，从他们的工作中受益，但有多少人向他们表示过友善和感谢？这声问候，看似简单，但很多人都做不到，它反映的是人的内在修养。

阳阳：
快节奏的学习、工作和生活，并不是我们淡薄人情的理由，友善、帮助和关心更不能因此枯萎。人与人之间的真诚关怀，正是那名工人获救的原因。

我说：

【一叶知春】

愿无伐善,无施劳。
　　　　　　——《论语》

善人者,人亦善之。
　　　　　　——《管子》

一言之善,贵于千金。
　　　——东晋·葛洪《抱朴子》

与人相交,一言一事皆须有益于人,便是善人。
　　　　——清·张英《聪训斋语》

与物为春

使之和豫,通而不失于兑;使日夜无郤,而与物为春,是接而生时于心者。

——《庄子》

沐沐：温暖老师，什么叫"与物为春"？

温暖老师：这个词源自《庄子》中的一个故事，故事的主角是一个名叫哀骀（dài）它（tuó）的人。有人知道他是怎样的一个人吗？

阳阳：老师，我读过这个故事，哀骀它是个"社牛"！他虽然长得很丑，也没有权势和财富，却很受欢迎。女人都想嫁给他，男人也都愿意跟他做朋友。

温暖老师：为什么这么平凡甚至丑陋的人会如此受欢迎？

沐沐：这是因为他的性格或者为人吗？

温暖老师：对，大家喜欢的是哀骀它的内在品质，而不是他的外在容貌。跟他相处，就会感受到春天般的温暖和活力，谁会不喜欢跟这样的人在一起呢？庄子借哀骀它的故事是想说明"与物为春"的道理。"与物为春"一方面指人们善待万物，与万物形成和谐共生、互相促进的关系；另一方面也指人们顺应自然，保持心灵的宁静，达到和豫的境界。

阳阳：我也想像哀骀它那样人见人爱，花见花开！我们怎样才能做到"与物为春"呢？

沐沐：破坏自然的行为肯定不是与物为春，我们要保护环境，爱护自然。

灿灿：保护环境、爱护环境的前提是以平等的眼光去看待万物。人类和其他自然万物一起生活在地球上，都是这个大家庭里的一份子，我们应该尊重它们生存和发展的权利。

温暖老师：人生也如同大自然一样，不可能永远是宜人的春天，有夏的炙热、秋的萧瑟，也有冬的凛冽。人们顺应所处环境的变化，用积极乐观、恬淡自然的心态面对人生中的不同境遇，也是与物为春！心底有春，才能与物为春。

【叩门引路】 两千多年前的一个夏天，身为国君的鲁宣公在泗水中下网捕鱼，但却被自己的下属——大夫里革割破了渔网。大臣为什么要割破国君的渔网呢？

里革断罟①匡君

宣公夏滥于泗渊②，里革断其罟而弃之，曰："古者大寒降，土蛰③发，水虞④于是乎讲眾罶⑤，取名鱼，登川禽⑥，而尝之寝庙⑦，行诸⑧国，助宣气⑨也。鸟兽孕，水虫成，兽虞⑩于是乎禁罝罗⑪，矠⑫鱼鳖，以为夏槁⑬，助生阜⑭也。鸟兽成，水虫孕，水虞于是乎禁罜䍡⑮，设阱鄂，以实庙庖，畜功用也。且夫山不槎蘖⑯，泽不伐夭⑰，鱼禁鲲鲕⑱，兽长麑⑲麌，鸟翼鷇卵⑳，虫舍蚳蝝㉑，蕃庶物㉒也，古之训也。今鱼方别孕㉓，不教鱼长，又行网罟，贪无艺㉔也。"

公闻之，曰："吾过而里革匡我，不亦善乎！是良罟也！为我得法。使有司藏之，使吾无忘谂㉕。"师存侍，曰："藏罟不如置里革于侧之不忘也。"

（选自《国语》）

阳阳：
"滥""渊"在这里的意思分别是浸、深水，作者为什么不直接使用这些意思入文呢？这样不是更加简单易懂吗？

温暖老师：

这个问题很有意思！其实，古代的文字不仅仅是用来传递字面意思的，它们还承载了丰富的文化内涵。当时人们书写时大多使用篆体，篆体字形本身就有很强的象形性和表意功能。大家不妨从字形入手，尝试分析一下作者这样写的好处。

沐沐：

从"滥"字的篆体字形来看，它的左边是"水"，右边是"监"，整体像大水漫延、泛滥的样子。作者用"滥"字，不仅指"浸"，还多了"过分、过渡"的意味，呼应宣公"夏滥"的不合时宜，让表达更加丰富。

读者留言：

与物为春

【注释】

①断罟（gǔ）：割破渔网。

②滥于泗渊：（把网）浸在泗水的深处（捕鱼）。泗，水名，在鲁城北面。

③土蛰：动物冬眠时潜伏在土中或洞穴中不食不动的状态，这里指在地下冬眠的动物。

④水虞：古代官名，掌管水产。

⑤讲罛罶（gū liǔ）：研究（用）大网竹笼。罛，大渔网。罶，捕鱼的竹笼，大口窄颈，腹大而长，无底。

⑥川禽：水中动物，如鳖蜃之类。

⑦寝庙：古代宗庙。

⑧诸："之于"的合音，其中"之"是前面动词"行"的宾语，

代上文提到的"取名鱼，登川禽"。

⑨ 宣气：宣发阳气。

⑩ 兽虞：古代官名，掌管鸟兽的禁令等。

⑪ 罝（jū）罗：捕兽捕鸟的网。

⑫ 矠（zé）：用叉矛刺取物体。

⑬ 槁：干枯，这里指干的鱼。

⑭ 阜：生长。

⑮ 罜䍡（zhǔ lù）：小鱼网。

⑯ 山不槎蘖（chá niè）：上山不准砍树木的嫩芽。

⑰ 泽不伐夭：洼地里不准砍伐初生的草木。

⑱ 鲲鲕（kūn ér）：鱼子鱼卵。

⑲ 麑（ní）：幼鹿。

⑳ 鷇（kòu）：待哺食的雏鸟。

㉑ 蚳蝝（chí yuán）：蚁卵和蝗的幼虫。

㉒ 蕃（fán）庶物：（使）万物繁殖。

㉓ 今鱼方别孕：现在鱼儿正是孕育的时候。

㉔ 艺：限度。

㉕ 谂（shěn）：规谏。

【见微知著】 夏季正是鱼孕育新生命的季节。里革阻止鲁宣公夏季下网捕鱼的故事告诉我们：人与自然和谐共处的关键在于控制人的贪欲，不违背自然规律，不滥捕滥杀，不影响生物的正常繁衍。

【叩门引路】 田螺姑娘的故事家喻户晓。贫穷、善良的青年将一只大田螺带回家,精心照料,田螺化身成美丽的姑娘帮他洗衣做饭,料理家务,青年从此过上了幸福生活。中国民间传说中类似的故事有很多,唐代晚期的志怪小说集《潇湘录》中写了汾河旁一位老太太救助红色鲤鱼的故事,她们的相遇也很美好。

汾水老姥

唐 柳祥

汾水边有一老姥获一赤鲤,颜色异常,不与众鱼同。既携归,老姥怜惜,且奇之,凿一小池,汲水养之。经月余后,忽见云雾兴起,其赤鲤即腾跃,逡巡①之间,乃渐升霄汉,其水池即竭。至夜,又复来如故。人见之者甚惊讶,以为妖怪。老姥恐为祸,颇追悔焉。遂亲至小池边祷祝曰:"我本惜尔命,容尔生,反欲祸我耶?"言才绝,其赤鲤跃起,云从风至,即入汾水。唯空中遗②下一珠,如弹丸,光晶射人。其老姥得之,众人不敢取。后五年,老姥长子患风,病渐笃,医莫能疗。老姥甚伤,忽意取是珠,以召良医。其珠忽化为一丸丹。老姥曰:"此赤鲤遗③我,以救我子,答我之惠也。"遂与子服之,其病寻④愈。

【注释】

①逡巡(qūn xún):有所顾虑而徘徊或不敢前进。
②遗(yí):遗留,剩下。

③遗（wèi）：赠送，送给。

④寻：随后，不久。

【小课堂】什么是志怪小说？

志怪小说自魏晋南北朝时期开始流行，是中国古典小说形式之一，大多记叙神异鬼怪的故事和传说，情节奇幻，具有浪漫主义色彩。这种小说有些具有积极意义，表达了乱世中的人们对真、善、美的向往和追求；有些则带有比较浓厚的迷信思想。

【见微知著】　汾水老姥有善良怜悯之心，赤鲤懂知恩图报之义。人与自然的关系是人类生存与发展的基本关系，相互依存，相互制约。赤鲤是自然的象征和化身，汾水老姥是具有善意的人类代表。这些充满浪漫色彩的奇幻故事都有类似的模式——人类因善行获得自然的馈赠，这传递了与物为善的中国民间智慧。

【叩门引路】 犬是有灵性的动物,古今中外有很多关于义犬的故事。清代小说家蒲松龄笔下的这条灵犬忠勇双全,不仅救了商人性命,还帮助主人捉住了盗匪,追回了财物。

义犬

清 蒲松龄

周村有贾某,贸易芜湖①,获重资。赁②舟将归,见堤上有屠人缚犬,倍价赎之,养豢舟上。舟人固积寇③也,窥④客装,荡舟入莽⑤,操刀欲杀。贾哀赐以全尸,盗乃以毡裹置江中。犬见之,哀嗥投水,口衔裹具,与共浮沉。流荡不知几里,达浅搁⑥乃止。犬泅出,至有人处,狺狺⑦哀吠。或以为异⑧,从之而往,见毡束水中,引出断其绳。客固未死,始言其情。复哀舟人,载还芜湖,将以伺盗船之归。登舟失犬,心甚悼焉。抵关三四日,估楫⑨如林,

---

阳阳:
狗是人类的忠实朋友,唐代诗人贾岛在《送道者》中就曾写过一条忠心耿耿陪伴主人的白狗,"此行无弟子,白犬自相随"。

温暖老师:
请你找一找这篇文章中写犬"自相随"的句子,并结合句子展开合理想象,用自己的话描述出来。

而盗船不见。适有同乡估客将携俱归，忽犬自来，望客大噪，唤之却走。客下舟趁之。犬奔上一舟，啮人胫股，挞之不解。客近呵之，则所啮即前盗也。衣服与舟皆易，故不得而认之矣。缚而搜之，则裹金犹在。呜呼！一犬也，而报恩如是。世无心肝⑩者，其亦愧此犬也夫！

阳阳：
这条狗真聪明，它虽然不会说话，但知道用叫声和动作来与人沟通，提醒主人注意。

温暖老师：
这篇短文不止一次写到犬的叫声。每一处描写都不相同，有时是"哀噪"，有时是"狺狺哀吠"，有时是"大噪"，请你在文中找出来，并结合当时情境体会犬吠的意图。想一想，如果这条灵犬会说话，它会说什么？

读者留言：

【注释】

① 芜湖：县名，明清属太平府，今为安徽省芜湖市。
② 赁（lìn）：租赁。
③ 积寇：积年盗匪，即惯匪。
④ 窥：偷偷地看，暗中探伺，等待时机。
⑤ 荡舟入莽：把船划到蒹葭、芦苇丛生的僻处。
⑥ 浅搁：即搁浅。船或他物进入水浅的地方，不能行驶。
⑦ 狺狺（yín yín）：犬吠声。

⑧或以为异：有人觉得很奇怪。或，代人或事。异，认为……奇特，觉得特殊。

⑨估楫：商船。

⑩无心肝：即俗言"没良心"。心肝，犹言肝胆，喻真挚情意。杜甫《彭衙行》："谁肯艰难际，豁达露心肝。"

【小课堂】蒲松龄为什么要写《聊斋志异》？

蒲松龄（1640年～1715年），字留仙，一字剑臣，别号柳泉，亦称柳泉居士，清代杰出文学家，优秀短篇小说家。他19岁初应童生试，21岁开始参加乡试，多次名落孙山。为了谋生，蒲松龄坐馆当塾师，并开始创作《聊斋志异》。该书借花妖鬼狐的故事揭露封建统治的黑暗，抨击科举制度的腐朽，反抗封建礼教的束缚，歌颂美好的情感，表达对生命的关怀与尊重。

【见微知著】

商人从屠夫手中救下灵犬，当商人被人谋害时，灵犬不仅救了他的性命，还抓住了凶手。《聊斋志异》是蒲松龄的寄怀抒情之作，其中写得最多、最美、最能打动人心的，还是人与动物、妖狐、鬼怪的故事。放生加报恩是这类故事的主要结构框架。在这些故事中，蒲松龄用洗练、生动的文字刻画了诸多可亲、可爱的形象，表现了人与自然的亲和共融，体现了他复归本真、生命平等的朴素生态观。

【叩门引路】著名作家老舍在生活中是一个"铲屎官""养花匠"。他爱花、养猫,对待植物、动物都极尽温柔和呵护。

小麻雀

现当代 老舍

　　雨后,院里来了个麻雀,刚长全了羽毛。它在院里跳,有时飞一下,不过是由地上飞到花盆沿上,或由花盆上飞下来。看它这么飞了两三次,我看出来:它并不会飞得再高一些,它的左翅的几根长翎拧在一处,有一根特别的长,似乎要脱落下来。我试着往前凑,它跳一跳,可是又停住,看着我,小黑豆眼带出点要亲近我又不完全信任的神气。我想到了:这是个熟鸟,也许是自幼便养在笼中的。所以它不十分怕人。可是它的左翅也许是被养着它的或别个孩子给扯坏,所以它爱人,又不完全信任。想到这个,我忽然地很难过。一个飞禽失去翅膀是多么可怜。这个小鸟离了人恐怕不会活,可是人又那么狠心,伤了它的翎羽。它被人毁坏了,而还想依靠人,多么可怜!它的眼带出进退为难的神情,虽然只是那么个小而不美的小鸟,它的举动与表情可露出极大的委屈与为难。它是要保全它那点生命,而不晓得如何是好。对它自己与人都没有信心,而又愿找到些倚靠。它跳一跳,停一停,看着我,又不敢过来。我想拿几个饭粒诱它前来,又不敢离开,我怕小猫来扑它。可是小猫并没在院里,我很快地跑进厨房,抓来了几个饭粒。及至我回来,小鸟已不见了。我向外院跑去,小猫在影壁前的花盆旁蹲着呢。我忙去驱逐它,它只一扑,把小鸟擒住!被人养惯的小麻雀，连挣扎都不会，尾与爪在猫嘴旁搭拉着，和死去差不多。

> **温暖老师：**
> 请你仔细读读第一段的内容，试着说说造成作者"忽然很难过"的原因是什么。

> **阳阳：** 小鸟翅膀受伤了，不能飞翔，是作者难过的原因。

> **沐沐：** 小鸟是被人伤害的，作者还对人类的心狠和不善良感到难过。

> **温暖老师：**
> 被所信任的人伤害是最让人难过的，作者最难过的是人类的行为不仅伤害了小鸟的翅膀，还伤害了小鸟对人类的信任之心。

  瞧着小鸟，猫一头跑进厨房，又一头跑到西屋。我不敢紧追，怕它更咬紧了可又不能不追。虽然看不见小鸟的头部，我还没忘了那个眼神。那个预知生命危险的眼神。那个眼神与我的好心中间隔着一只小白猫。来回跑了几次，我不追了。追上也没用了，我想，小鸟至少已半死了。猫又进了厨房，我愣了一会儿，赶紧地又追了去：那两个黑豆眼仿佛在我心内睁着呢。

温暖老师：

眼睛是灵魂之窗，文中多处写到小麻雀的小黑豆眼。一样的黑眼睛，不一样的描写。请你选出其中一处描写，结合作者的文字描述设想小麻雀的心理活动。

读者留言：

　　进了厨房，猫在一条铁筒——冬天生火通烟用的，春天拆下来便放在厨房的墙角——旁蹲着呢。小鸟已不见了。铁筒的下端未完全扣在地上，开着一个不小的缝儿，小猫用脚往里探。我的希望回来了，小鸟没死。小猫本来才四个来月大，还没捉住过老鼠，或者还不会杀生，只是叼着小鸟玩一玩。正在这么想，小鸟，忽然出来了，猫倒像吓了一跳，往后躲了躲。小鸟的样子，我一眼便看清了，登时使我要闭上了眼。小鸟几乎是蹲着，胸离地很近，像人害肚痛蹲在地上那样。它身上并没血。身子可似乎是蜷在一块，非常的短。头低着，小嘴指着地。那两个黑眼珠！非常的黑，非常的大，不看什么，就那么顶黑顶大地愣着。它只有那么一点活气，都在眼里，像是等着猫再扑它，它没力量反抗或逃避；又像是等着猫赦免了它，或是来个救星。生与死都在这俩眼里，而并不是清醒的。它是糊涂了，昏迷了；不然为什么由铁筒中出来呢？可是，虽然昏迷，到底有那么一点说不清的，生命根源的，希望。这个希望使它注视着地上，等着，等着生或死。

它怕得非常的忠诚，完全把自己交给了一线的希望，一点也不动。像把生命要从两眼中流出，它不叫，也不动。

小猫没再扑它，只试着用小脚碰它。它随着击碰倾侧，头不动，眼不动，还呆呆的注视着地上。但求它能活着，它就决不反抗。可是并非全无勇气，它是在猫的面前不动！我轻轻地过去，把猫抓住。将猫放在门外，小鸟还没动。我双手把它捧起来。它确是没受了多大的伤，虽然胸上落了点毛。它看了我一眼！

我没主意：把它放了吧，它准是死？养着它吧，家中没有笼子。我捧着它好像世上一切生命都在我的掌中似的，我不知怎样好。小鸟不动，蜷着身，两眼还那么黑，等着！愣了好久，我把它捧到卧室里，放在桌子上，看着它，它又愣了半天，忽然头向左右歪了歪，用它的黑眼瞟了一下；又不动了，可是身子长出来一些，还低头看着，似乎明白了点什么。

【见微知著】

作者描写了一只被人伤害的小麻雀，并通过对小麻雀的救助修复它对人类的信任，从而呼吁人类尊重动物，珍视生命。读这篇散文，让人情不自禁地想起了作者笔下旧社会无数小人物的悲惨命运。人力车夫祥子（《骆驼祥子》）、走投无路的母女（《月牙儿》）、惨淡经营茶馆的王利发（《茶馆》）……从本质上来说，他们不也是"被人毁坏了，而还想依靠人"吗？这些作品无一例外地体现了作者对弱者的同情和怜爱。

【叩门引路】我国西藏自治区的阿里地区平均海拔 4500 米，被称为"世界屋脊之屋脊"，是一片美丽的地方。1992 年，"人民心中的好书记"、援藏干部孔繁森担任阿里地区地委书记。他不光把阿里的人民当作亲人，还把阿里的一草一木都放在了心上。

世界上最美丽的地方

当代 张吉宙

在西藏阿里三十多万平方公里的土地上，分布着无数个大大小小的湖泊。班公湖就像是镶嵌在阿里高原的一颗明珠，它以闻名遐迩（指远近闻名，形容名声很大）的班公湖鸟岛吸引着无数国内外游客。

班公湖是一个内陆湖，湖上分布着大大小小的岛屿，岛上许多鸟类是国家级保护动物。班公湖因地处高原偏僻之地，少有人迹，湖区又没有天敌，形成了品种繁多、色彩斑斓的鸟类世界，成为鸟类的世外桃源（东晋陶渊明在《桃花源记》中描述的一个与世隔绝、没有战乱的安乐而美好的地方，后借指不受外界影响的地方或幻想中的美好世界）。湖中小岛面积不大，到处都是石灰碎块，遍地是鸟粪，有些地方已堆积了厚厚的一层，鸟的羽毛更是随处可见。

每年五月到九月，是观鸟的最好季节。班公湖鸟岛是阿里高原乃至全西藏的一个著名旅游景点，这里是自然界的一块净土，是鸟的王国，这里没有天敌，没有干扰，只有祥和与宁静。这里的天然大屏障将鸟岛与外界隔离，使阿里高原的这一特殊自然景观得以完整地保存。

孔繁森还没去西藏的时候,就听说过这个著名的班公湖。他到阿里上任不久,有一次下乡经过班公湖,他对同事们说:"走,过去看看。"

来到湖边,他对通信员说:"难得来到这里,给我和同事们拍照留念吧!"

通信员刚端起相机,这时,飞来几只斑头雁,在他们身后不远的地方,跳来跳去地觅食。孔繁森对通信员说:"先等等,不要拍我们,把相机给我,我先给它们拍几张照片。"

通信员说:"孔书记,这里有的是鸟儿,够你拍的。"

孔繁森说:"哈哈,照相要学会抓镜头,你没看见吗?这几只斑头雁落下的地方多美呀!"

孔繁森拍了几张照片,回过头对大家说:"这么多鸟儿,我们要想办法保护好它们。还有这湖水,多么清澈啊!一定要防止污染。"

他小心翼翼地往前走着,弯腰捡起地上的鸟卵,欣赏一番,又轻轻放回原处。遇上正在孵卵的鸟儿,他提醒大家,千万不要惊动它们,绕开它们走。

温暖老师:
班公湖面积广阔,行人稀少,孔繁森为什么要"小心翼翼"地行走?

读者留言:

有个工作人员特别喜欢这里的鸟卵,随手捡了几枚,准备带回去留作纪念,孔繁森走上前去,一伸手:"给我。"

工作人员将鸟卵递给他,问:"孔书记,您也喜欢鸟卵?这东西挺好玩的。"

孔繁森冲他一笑,弯下腰将鸟卵放回原处,说:"这个可不许带走,我刚才不是说了吗?要保护鸟儿。"

他又四处看了看,对大家说:"这里的游客很多,已经影响了鸟儿们的生存环境,我们要尽快想办法保护好这个鸟岛。"

他建议在鸟岛上修建几条人行道,尽量不干扰鸟儿们的正常活动。

孔繁森不光把阿里的人民当作亲人,阿里的一草一木都牵动着他的心,他把鸟儿的安危、保护鸟儿的生存环境,时刻放在心头。

有一天,孔繁森乘车到日土县视察工作,路过一个湖泊,只见许多鸟儿在湖畔栖息,他意味深长地说:"鸟儿喜欢在这里生活,就是因为这里的生态环境好。"

温暖老师:
如果请你把孔繁森这句话中蕴含的深长意味说出来,你会怎么说?

突然,后面传来几声枪响,孔繁森立即让司机停车,问:"哪里打枪?"

司机说:"是不是有人在打鸟啊?"

"赶快往回开,过去看看。"

汽车掉头往回开,刚开出不远,孔繁森就看见几个人,站在湖边打鸟取乐。他急忙赶过去说:"鸟儿也是我们的朋友,怎么能打它们呢?这里面有很多珍稀鸟类,我们要保护它们,不能伤害它们。"

那几个人认出他是孔繁森,是人们心目中的好书记,没想到在这个地方跟他见面了。他们很高兴,纷纷向他问好,并且一个个低头认错，表示再也不打鸟了。孔繁森借机跟他们聊了一会儿，问了问他们的生活情况，这才上车离开。

一会儿，路过一个兵站，孔繁森说："下去看看这里的干部战士。"

他刚走到营房门口，就看到墙角有一只羽毛蓬松的小鸟，没精打采地扑棱了一下翅膀。他走过去，轻轻地将小鸟捧在手中，带到营房的火炉旁，对一个战士说："小鸟可能生病了，或者冻坏了，先让它暖和一下。"

温暖老师：
作者用一连串的动词描写了孔繁森救助小鸟时的一系列动作，请你找出来，并说说这表现出孔繁森怎样的性格特点？

读者留言：

这个战士说："孔书记，小心点儿，小鸟别是害了什么传染病。"

孔繁森想了想，找来一个小簸箕，把小鸟放在里面，然后放到营房外的太阳下面。临走时，他叮嘱战士们："好好照顾这只小鸟。"

【见微知著】

保护鸟卵、不惊扰孵蛋的鸟儿、提出在班公湖修人行道、听到枪声特地去劝诫打鸟的人、救助一只受伤的小鸟……桩桩件件都是微不足道的小事，却表现出孔繁森的长远眼光和心中的"大爱"。发展地方经济，改善当地人民生活，不能以牺牲环境为代价。你从孔繁森做的这些"小事"中感悟到什么？

【叩门引路】 北白犀曾经分布在乌干达西北部、乍得南部、苏丹西南部、中非共和国东部及刚果民主共和国东北部。二十世纪六十年代，北白犀还有2300多头。人类的猖獗盗猎导致其数量急剧锐减。1984年，野外北白犀仅存15头。2008年，世界野生生物基金会宣布，北白犀在野外已经灭绝。2018年3月，全球最后一头雄性北白犀"苏丹"，在非洲肯尼亚奥尔佩杰塔自然保护区离世。这篇选文为我们讲述了苏丹的一生。

苏丹的犀角

当代 戴芸

小时候的苏丹可是没有名字的。妈妈告诉他："犀牛不需要名字。亮出你的角来，别人就会知道你是谁！"

那个时候，小犀牛的角还没有长出来，眼睛也看不清楚。妈妈就低下头，用自己的犀角轻触他的背，告诉他该往哪里走。她还会把角扎进土里，挖鲜嫩多汁的草根作为他们的晚餐。

如果有狮子来偷袭，妈妈温柔的大角瞬间就会变成厉害的武器。

小犀牛总想：要是我也有像妈妈一样的角该多好！

三岁的一天，洗完泥浆澡的小犀牛看到了自己的倒影。呀，他的犀角已经冒出了一大截呢！

"砰！"

就在这时，远处传来一声巨响。小犀牛吓得躲进草丛里。

过了好一会儿，他小心翼翼地探出身子，看见妈妈倒在草地上一动不动。妈妈的角不见了。

小犀牛在妈妈的身边转了一圈又一圈，直到草原被夕阳染成橘红色，她也没有醒来。

> **阳阳：** 小犀牛看到妈妈被射杀，该有多么难过和害怕！

> **温暖老师：**
> 文中哪些地方表现出小犀牛的难过？哪些地方又表现出小犀牛的害怕？

一连几天，小犀牛都在妈妈身边不愿意离开，直到空中传来一阵"嗒嗒嗒"的轰鸣声……

是直升飞机！小犀牛非常害怕，拼命逃跑。

但是，"嗖"的一声，他还是被麻醉枪击中了，慢慢地失去了意识。

小犀牛醒来的时候，发现自己在一个陌生的地方。

这里没有妈妈。

这里黑漆漆的，却看不到星星。

这里有草，却闻不到泥土的气味。

他的肚皮贴着冰冷的地面。

他的耳朵被打了一个小洞，上面挂着一个标签。

这时候，门开了。有人轻轻地喊着："苏丹！苏丹！"

饲养员阿言走到小犀牛面前，蹲下身子对他说："不要害怕，不要害怕。因为你来自非洲的苏丹，所以我们给你取名叫苏丹。那里有人在猎杀犀牛、盗取犀角，很危险。这里是捷克的动物园，是你的新家，非常安全。我会好好保护你、照顾你的。"

说完，阿言递给苏丹一根胡萝卜。闻到食物的味道，小苏丹终于走上前去，大口吃起来。胡萝卜虽然有点儿硬，但是甜甜的。

转眼，冬天到了。苏丹的角终于像妈妈的一样长了。

一个午后，苏丹在动物园里散步。天空忽然下起了雪。

苏丹第一次看到雪。地上铺满了雪，看起来软软的，这让他想起雨季的草原。那时，只要下雨，地上都是泥浆，苏丹最喜欢玩泥浆，他兴奋地跑来跑去。

糟糕！他不小心滑倒了，犀角被栏杆卡住了。苏丹非常害怕，用力挣扎。

"咔嚓！"角断了。

来动物园看苏丹的小朋友们疑惑地问："老师，这是什么动物呀？""这是北白犀，犀牛的一种。"

"可是书上的犀牛，头上都有长长的角啊。"

苏丹很难过。他想：没有角，我就没办法成为像妈妈那样了不起的犀牛。

隔壁的长颈鹿夫妇低下头轻轻地舔了舔苏丹的断角。见多识广的长颈鹿爸爸告诉苏丹："别难过，小伙子，犀角和脚指甲一样，还会再长出来的。"

果然，到了春天，苏丹的角又长了出来。不过，新长出的角长长地弯成了一个圈，不是妈妈当年又尖又翘的样子，因为他用不着挖草根，也没有敌人需要吓唬。

一晃三十多年过去了，苏丹在动物园里从犀牛宝宝变成了犀牛爷爷，饲养员阿言也从小伙子变成了老伯伯。

阿言每天都陪着苏丹散步，喂他吃胡萝卜，给他洗泥浆澡。

阳阳：
苏丹是幸运的，因为有人类的保护，所以它没有像其他犀牛一样被猎杀。

沐沐：
但是如果没有人类的猎杀，苏丹就不需要人类的保护，它可以和同类一起自由地生活在大草原上，快活地洗着泥浆澡。

温暖老师：

有人认为苏丹是幸运的，也有人认为苏丹是不幸的。你有什么样的看法和理解？

可是，在非洲大草原上，却有越来越多的犀牛遭到猎杀。到苏丹三十六岁那一年，野生的北白犀已经灭绝了。

为了不让北白犀从地球上消失，人们决定将苏丹和他的另外三个伙伴送到非洲肯尼亚的自然保护区，希望他们能像真正的犀牛那样生活下去，养育更多的孩子。

不知过了多久，黑漆漆的木箱终于被打开了。阳光刺得苏丹眼睛疼。一种熟悉的味道混合着飞扬的尘土一起冲进了他的鼻子。苏丹迈开脚步走了出去。

味道越来越强烈，越来越熟悉，像这草原上的热浪一样涌过来。

是青草！

苏丹吃起草来的样子，就像从来没有离开过草原一样。

苏丹想起了妈妈的话："亮出你的角来，别人就会知道你是谁！"

虽然苏丹老了，但是他还有角啊！他想要找一片领地，用自己的角来保卫它，做一只真正的犀牛。

可是，苏丹又一次被麻醉了。盗猎者正是想获取昂贵的犀角才去射杀犀牛。为了保护苏丹不被盗猎者杀害，自然保护区的工作人员决定把他的角锯掉。

不久之后，苏丹成了地球上最后一头雄性北白犀。

他越来越老，不能再做爸爸了。

他每天都躺在树荫下打盹儿，在草原上过着平静安稳的生活。

这里的守卫者们虽然握着冰冷的步枪，但是他们摸苏丹肚子的时候，手是软软的、热乎乎的。

> **温暖老师：**
>
> 守卫者握着"冰冷"步枪的手，为什么在摸苏丹肚子时又是"软乎乎、热乎乎"的？
>
> **读者留言：**

　　这里的风带着太阳和尘土的味道，穿过苏丹的耳洞，"嗖嗖嗖"地说着他听不懂但又很熟悉的话。

　　这里的土地一眼望不到头。苏丹走不动了，但鸟儿们总会从远方带来草原上的传说。

　　这里是个好地方，老苏丹有个美梦——

　　每一只犀牛都是自己领地里的国王，而犀角就是他们的王冠。

【小课堂】野生动物种群数量为什么普遍下降？

　　2022年10月，世界自然基金会（World Wild Fund For Nature）发布《地球生命力报告2022》。报告中的"地球生命力指数"通过分析近3.2万个物种种群，发现1970年～2018年间，受监测的哺乳动物、鸟类、两栖动物、爬行动物和鱼类等野生动物种群数量平均下降69%，其中，鲨鱼和鳐（yáo）鱼数量平均下降71%。全球生物多样性最丰富的地区，如拉丁美洲和加勒比地区种群数量平均下降94%；非洲地区种群数量平均下降66%；亚太地区种群数量平均下降55%。报告指出，在世界范围内，野生动物种群数量下降的主要诱因是栖息地退化、外来物种入侵、环境污染和气候变化等。

世界自然基金会是一个国际性的非政府环境保护组织，致力于保护世界生物多样性及生物的生存环境，成立于1961年，总部位于瑞士。它在中国的工作始于1980年对大熊猫及其栖息地的保护。

与物为春

【见微知著】 苏丹一生经历了三次"断角"事件：第一次，幼小的苏丹目睹妈妈被残忍射杀，妈妈的犀角被盗猎者割走；第二次，被关进动物园的苏丹，犀角被围栏卡断；第三次，为防止苏丹被猎杀，保护者有意锯断了它的犀角，苏丹用犀角换来回归草原的生活。对苏丹而言，犀角是王冠，象征着身份和骄傲，但同时也是枷锁，夺走它的亲人，限制它的自由，威胁它的生命。老苏丹的美梦，是一只不能得到自由的野生动物对没有杀戮的自在生活的强烈渴望。我们怎样才能够帮助老苏丹实现美梦？

【叩门引路】 使鹿鄂温克人是鄂温克族的一支,主要生活在大兴安岭地区,以饲养驯鹿和狩猎为生,历史上被称作"使鹿部",是中国"最后的狩猎部落"。在过上定居生活之前,他们常年生活在深山密林中,住在用木杆、草帘、兽皮等搭建起来的"撮罗子"里,以山林为家,与野兽作伴。这篇作品取材于作家黑鹤听来的一个真实事件,讲述了鄂温克族老猎人与驼鹿之间相互信任、生死相依的特殊"亲情"。

鄂温克的驼鹿

当代 格日勒其木格·黑鹤

使鹿鄂温克人生活在中国北方大兴安岭的广袤森林中,以饲养驯鹿和狩猎为生。

在一次狩猎中,老猎人格力什克在森林里埋伏了一夜,射杀了一头驼鹿。格力什克坐下休息,突然听到窸窣细碎的声音从背后传来……从灌木丛中走出了一只战战兢兢的小兽,竟然是一只小驼鹿。它皮毛的颜色是火红的,就像刚刚越过山脊的朝阳。

小驼鹿慢慢地走过来,吸吮着格力什克的手指。格力什克有些不知所措,现在不是驼鹿的繁殖季节,他从来不会猎杀哺乳期的母兽。

小驼鹿跟着格力什克,回到营地。小驼鹿不怕生,跟着格力什克进了帐篷,很快,它就在火炉边睡着了。格力什克太累了,也沉沉睡去。

不知道睡了多久,突然被巨大的声响惊醒——小驼鹿撞倒了

插画 姜强

放着食物的架子。小驼鹿饿了,它在寻找食物。格力什克找到一瓶驯鹿奶。驯鹿奶已经有些凝固,他用手指蘸了一点喂给小驼鹿。很快,驯鹿奶就被小驼鹿吃光了。但小驼鹿还没有吃饱。在黑暗的帐篷里,它跌跌撞撞地寻找着,吃光了米和面粉,就连蜡烛,它都想尝一尝。整个夜晚,格力什克都不得安宁。

> **阳阳:**
> 文中两次写小驼鹿吸吮老猎人手指。第一次是小驼鹿主动吸吮老猎人的手指,说明小驼鹿把他当成可信赖的人。

> **沐沐:**
> 第二次是老猎人用手指蘸奶喂小驼鹿,像在精心照顾自己的孩子,我猜他打心底里接纳了这只可怜又可爱的小家伙。这两次描写其实是老猎人与小驼鹿相互接受的过程。

小驼鹿开始了在营地的生活。它以驯鹿奶和米饭为食,还喜欢列巴。总之一切人类的食物都喜欢。它似乎拥有一副永远无法填饱的肚囊。

格力什克给这只小驼鹿取名叫小犴(hān,在使鹿鄂温克语中指驼鹿)。小犴成长的速度惊人,很快它的体形就像成年驯鹿那么大了……小犴并没有意识到这一点,每天在外面玩够了,仍然要进入帐篷睡觉。帐篷已经装不下它了,它在里面转身都困难。终于有一天,它拱翻了帐篷,格力什克不得不将它赶了出去。

小犴每天跟在格力什克的身边,对任何新鲜的事物都有强烈的好奇心。它和驯鹿一起在格力什克燃起的蚊烟中,躲避蚊虫。它跟着驯鹿进入森林寻找食物。在驯鹿群中,它以为自己也是一头驯鹿。

夏天到来,小犴进入水中寻找食物,睡莲、香蒲、浮萍……

都是它的美食。在驯鹿发情的季节，雄驯鹿向小狌发起了挑战。强壮的小狌摇动着巨角击败了所有的雄驯鹿。虽然格力什克一直叫它小狌，但其实它已经是一头巨狌了。

四年过去了，格力什克却越来越苍老，他的身体已经难以承受营地里艰辛的生活了。这年秋天，他在外出寻找驯鹿时扭伤了脚。他不得不到山下的敖鲁古雅乡去治疗，小狌从未离开过格力什克，这是它第一次走出山林。

小狌被格力什克关在院子里，每天无所事事。

这一天，它溜出院子，在闲逛的时候惊动了附近的狗。所有的狗都惊呆了，它们以为自己看到的是幻象。驼鹿是使鹿鄂温克人世代狩猎的野兽，现在竟然就这样大摇大摆地出现在人类的聚居区。它们立刻向小狌发起攻击。小狌早就已经是一头力量惊人的巨兽了，在愤怒的小狌面前，这些狗像被狂风吹落的树叶。

人类的世界有太多诱惑了。一天，小狌钻进门没有关紧的仓库，它偷吃了太多的豆饼，又饮了大量的水。豆饼遇水膨胀，让它腹胀如鼓。格力什克领着小狌游走了整个夜晚。当黎明到来，随着一声巨响，小狌终于排出了肚腹内的累赘。

对于小狌来说，人类的世界充满危险。敖鲁古雅乡里有人想偷偷捕捉小狌，卖到城里的动物园。他们用胡萝卜做诱饵，将小狌引进了套索。但是小狌太强壮了，它撞翻了所有的人，还险些掀翻卡车。最后，它跑回到格力什克的身边。

格力什克知道，小狌永远无法适应山下人类的世界，当天夜晚，他带着小狌回到山上的驯鹿营地。

温暖老师：

请你对比小狌在山林生活和在山下生活的不同，说说小狌为什么"无法适应山下人类的世界"？

又一个春天到了，格力什克的身体越来越衰弱……一天早晨，格力什克领着小犴进入原始森林。格力什克知道，他现在必须让小犴回到森林里去。

为了让小犴离开，格力什克打它，推它……想尽办法，却无法让小犴挪动半步。最后，他向小犴身边的地面开枪，迸起的石块击中了它的鼻子。负痛的小犴终于离开格力什克，跑入森林的深处。

深秋的一天，山下的敖鲁古雅乡狂风四起，大树被吹倒，屋顶被掀开。敖鲁古雅乡的年轻猎人赶到山上的驯鹿营地，发现格力什克已经逝去多时。他们将格力什克葬于高坡之上。年轻的猎人赶着驯鹿群离开了营地，从此不会再进入这片森林。

后来，有盗猎者闯入那片林地，远远地看到丛林之中巍峨巨硕的身影，在惊慌中，他打光了所有的子弹，却没有一发命中。眨眼之间，愤怒的驼鹿已经冲到他的面前，大角轻轻一挥，就将他高高挑起，扔出很远。从此再也没有人敢进入那片丛林。

温暖老师：
小犴是被人工饲养长大的。但它不仅长得高大威猛，而且完全没有"宠物"的温顺驯良。回归森林后，它依然是森林里的"霸主"。它为何能保有野生动物的本性？

读者留言：

使鹿鄂温克人口口相传，在那广袤的森林深处，有一头巨兽般的驼鹿，守护着森林和逝去的猎人格力什克。

【小课堂】遇到需要救助的野生动物该怎么办？

当我们遇到需要救助的野生动物时，不能盲目施救，要避免对自己或对动物造成伤害。科学有效实施救助的步骤如下：1.确定地形。我们要第一时间观察周围环境，如在高速公路或道路上，可在动物所处位置的 20 米以外放置警示牌，防止过往车辆对其造成二次伤害。2.寻求专业帮助。我们可以与当地野生动物保护机构及时取得联系，或拨打 110，或联系当地森林公安、林业局等。3.进行评估。我们在等待救援期间可对动物进行简单评估，包括大致的动物种类、外貌特征，动物能否站立、有无明显外伤、有无出血痕迹、是否睁眼等。这些评估可以帮助救援人员了解情况，对救援有重要作用。野生动物感受到恐惧时会产生不同程度的应激反应，有的会有攻击行为。因此救援时，我们需采取适当的保护措施，如给动物盖上厚棉被，或使用套马杆等临时工具。

【见微知著】

老猎人遵循着使鹿鄂温克人的传统生活方式，靠狩猎为生，却不滥采滥杀，只取生活所需；对于遇到的动物幼崽，会精心饲养，用心呵护，并放归山林。这种传统的生活方式中蕴含着人与自然和谐共生的大智慧。在文章结尾，老猎人逝去，年轻的猎人们离开了森林，而盗猎者却闯入了那片林地。传统的生活渐行渐远，山下的新生活让人们享受到更好的物质条件，但也带来物欲裹挟下的隐患——亲近自然的淳朴本真生活的丧失。老猎人对小犴的守护、小犴对森林和老猎人的守护，都象征着人们对本真生活的怀念和坚守。

【叩门引路】当自然保护与个人利益发生冲突时,你会做出怎样的选择呢?黄学友的《城市鸟巢》,也许会带给你如何取舍的启示!

城市鸟巢

当代 黄学友

在金生居住的这座城市里,不用说找到一只鸟巢,就连一只在天空中飞翔的小鸟都很难看到。可金生却找到了一只鸟巢,还是在自己家的阳台上。

事情的经过是这样的。

这天是周六,金生一大早起床后,要到阳台上呼吸一些新鲜空气。刚踏上阳台,一只鸟就从某个角落"扑棱"一声飞向天空,在天空划了一道美丽的弧线后消失了。金生就在阳台上找那只鸟留下的蛛丝马迹。最后,他在阳台一角的一个瓷罐里找到了一只鸟巢。他为自己的发现感到兴奋。

他已经忘记了那只瓷罐是什么时候放到阳台角落里的。那是他的母亲来城里看他时,从乡下带来的,说是让他放在厨房里当盐缸用。可他觉得这只瓷罐太古老,又粗糙,与现时流行的用具格格不入,就随手把它放在了阳台的角落里,想不到它竟成了鸟儿的栖身之地。

金生再仔细去看瓷罐里的鸟巢,那巢穴编制得很牢也很密。它的外一层是用一些干枯的枝棒织成,里面铺满了松软的杂草。他抬起头望一眼这高楼林立的城市,心里想:"那只鸟是从什么地方衔来的这么多枯枝棒和杂草呢?"

金生还在鸟巢里发现了三颗鸟蛋，鸟蛋的壳上布满了美丽的花纹。他刚要用手去拿，却又马上停了下来。因为小时候他听人说过，遇见鸟窝如果动里面的鸟蛋，那鸟就永远不再回来了。他没有去动那些好看的鸟蛋，他希望那飞走了的鸟儿再回来，仍然把这里当作自己的家，尽快让那三颗鸟蛋孵出美丽的小鸟。

沐沐： 美好的东西不一定要拥有。

温暖老师：
周敦颐在《爱莲说》里写到，"可远观而不可亵玩焉"，只有爱护和欣赏，才不会破坏美，才能把美留住。

阳台上的鸟巢成了他的牵挂。他除了百般呵护外，还每天在阳台上撒一把小米，喂鸟儿。鸟儿不仅回到了鸟穴，住在了阳台上，还渐渐地与金生产生了感情，见到金生不再害怕，不再飞走。金生不断地走近鸟巢，仔细观察那三颗美丽的鸟蛋，盼他早一天孵化。终于有一天，那三颗鸟蛋变成了三只黄嘴鸟丫。小鸟刚刚睁开两只圆圆的小眼时，在巢穴里躁动不安地"喳喳"叫，像对这个世界充满了新奇。金生是一个业余摄影爱好者，自然想到了把这一情景摄入镜头，于是就跑回房间取来了照相机，把镜头对准了瓷罐。可他马上感觉到角度不对。因为鸟巢在瓷罐里，要想镜头对准鸟巢，还需走近瓷罐。角度选好了，这时大鸟嘴里也衔着一只小虫飞了回来，站在了瓷罐沿上，三只小鸟抬着头"喳喳"叫着抢要虫食。金生快速按下了快门，把这一精彩的时刻留在了相机里。

没多长时间，金生拍的照片获得了野生动物保护一等奖。

金生的照片获奖后，有不少人慕名来他家观看阳台上的鸟巢。这天来了一名参观者，是一位年逾花甲的老人，戴一副深度眼镜，脸上布满了沧桑。金生把他领到阳台上的鸟巢前时，他似乎对里面的小鸟并不感兴趣，而是用两只深邃的眼睛好奇地紧紧盯着瓷罐。他问："这只瓷罐是从什么地方弄来的？"金生回答："是我娘从乡下带来的。"那人刚要用手动那瓷罐，被金生阻拦了。于是那人就俯下身去仔细观看，甚至还边观看边环绕鸟巢转了几圈，然后站直了身说："好东西，好东西啊！"金生不知他说的"好东西"是指小鸟？鸟巢？还是瓷罐？只是一脸茫然地站在那里。那人思忖片刻说："你的这只瓷罐我买了。"金生先是一怔，然后摇了摇头。那人就打着手码说："我出八万元。"金生又摇了摇头。那人咬咬牙说："十万元怎么样，你该同意了吧？"金生还是摇了摇头，那人很惋惜地叹了一口气走了。那人走后，金生才知道那人是个古董商。他已看准装着鸟巢的瓷罐是一件稀有的古董。

> **沐沐：**
> 两次出价，三次摇头，体现出金生在守护鸟巢与获取利益的冲突中的坚定选择，使人物形象更鲜明生动。

后来又有人出高价来买金生阳台上那只瓷罐，依然都被金生拒绝了。金生不是嫌买家出的价格低，是为了那只鸟巢。

> **阳阳：**
> 瓷罐就是鸟巢，为什么前句用"瓷罐"，后句用"鸟巢"？这样写有什么深意？

温暖老师：

瓷罐是古董，代表着经济价值和个人利益；鸟巢是鸟儿的安居之所，是人与鸟和谐相处的见证。

与物为春

【见微知著】

故事虽短，却一波三折：一个粗糙过时的瓷罐变为鸟儿的栖身之所后，又被发现是价格不菲的稀有古董。主人金生多次拒绝古董商的高价收购，坚定地选择留下瓷罐，让它继续作为鸟儿的家。这小小的城市鸟巢沟通了人与鸟儿的情感，见证了人对自然的亲近友善。在这个物欲横流的社会，人们有时会被眼前利益蒙蔽双眼。但金生在保护鸟儿和获取利益两者中的坚定选择，为我们做出了榜样。

【能量站】

明天的寓言

美国 蕾切尔·卡森

在很久很久以前,美国中部有一个非常非常美丽的小镇。小镇的一切都好,小镇的发展也非常和谐。在小镇的周围,有一个个农场。农场里的作物生机勃勃,山坡上种着成片的果树。春日,繁花如白云朵朵,点缀于绿色原野之上;秋天,透过松林的天然屏障,白桦树、橡树和枫树如火焰般闪耀,小狐狸在山上鸣叫,小鹿们静悄悄地穿过薄雾笼罩的原野。

小镇上有一条小路,路边长着月桂、蕨草等各种各样的花草,在一年的绝大部分时间里,这条小路的景色都十分宜人。即使是在冬天,路边也是一派美丽祥和的景象,鸟儿们在这里寻找食物,啄食着树叶和枯草的种子。这里因为众多的鸟儿而闻名。每年春秋时节,候鸟们不远万里迁徙至此,随后很多游人也不远千里到此游玩。他们在清澈的河水中垂钓,水从山涧中流出,在成片的绿阴下聚积。多年以前,人们来到这里定居,大家打地基、盖房,在大水井旁边建起了谷仓——随后的很多年一直是这样的景象。

但是后来,可怕的瘟疫发生了:瘟疫在乡村中蔓延,一切都变得不同,就如同被施了诅咒。牛羊成群死去,家雀也没能逃脱厄运。死亡的阴影笼罩着这里的每一寸土地,农场中的人们都谈论着家人们的病症。医生对于这些病症也毫无办法,随后人们开始出现毫无征兆的突然死亡,死者不只有大人,还有活泼的孩子。他们刚刚还在玩耍,突然就病倒了,几个小时之内就死去了。

整个村庄显得安静而可怕。鸟儿不见踪影,很多人对此惊慌不安。后院是鸟儿们经常觅食的地方,现在冷冷清清,偶尔能看见几只鸟，但那些鸟儿也奄奄一息，正在走向死亡。它们剧烈地挣扎着，最后连飞都飞不起来。曾经被知更鸟、鸽子、松鸡，以及其他很多鸟儿的合唱撩动的春日清晨，如今却一片死寂，毫无声响，只剩下如铁的沉默，笼罩在田野、树林和沼泽的上方。

母鸡在农场中做功夫，却再也孵化不出小鸡。农人们对养殖业的抱怨再也没有停歇过：他们抱怨着猪永远也养不活，幼崽个头小，小猪即使生下来也活不了几天；苹果树开花了，花丛中却看不到蜜蜂的影子——没有授粉，苹果树便无法长出果实。

小路两旁的迷人景象如今已消失不见。花草又枯又黄，像是被烈火焚烧过。它们全都寂静无声，就像已被世界抛弃。很多往日经常来的垂钓者，因为河流中鱼儿的死亡，如今再也不来了。

屋檐下，瓦片间依稀可以看到颗粒状的白色粉末，让屋檐、瓦片显露出斑斑印迹。仅仅几周之前，它们像雪花一样纷纷落下，落在屋顶上、草坪上、田野间和溪流里。

其实这并不是什么巫术，没有什么所谓敌对势力阻碍了新生。使这个本就病怏怏的世界更加沉默寡言的，是人类自己的所作所为。

其实这个小镇是虚构的，但是我们非常容易地就能够在美国甚至世界上任何地方找到成千上万个这样的村镇。我知道，并没有哪个地方确切地经历了以上我所描述的一切，但这其中的每一项灾难都曾真实地存在过，很多现实中存在的地方也遭受了极度的、大量的不幸。在不经意间，一个恐怖的幽灵正向我们袭来，我所描述的悲剧极可能成为活生生的现实，我们今生就能看到。

究竟是什么令美国小镇美丽的春天变得死寂？

本文选自美国海洋生物学家、科普作家蕾切尔·卡森《寂静的春天》。文中"颗粒状的白色粉末"是DDT，是一种有效的化学杀虫剂，在灭蚊、控制疟疾上起过很大作用。二十世纪五十年代，为了增加粮食产量和木材出口量，美国农业部放任对DDT等化学杀虫剂的开发，并不顾后果地执行大规模空中喷洒计划，导致鸟类、鱼类和益虫大量死亡，化学毒性通过食物链进入人体，诱发癌症和胎儿畸形等疾病。蕾切尔·卡森在经过调查研究后写下《寂静的春天》，引发了政府和公众对环境问题的注意，随后DDT在很多国家和地区被禁用。你怎么看待杀虫剂、除草剂等农药的使用？说说你的看法。

互动留言区：

暄暄：

我有过类似经历。小时候我去农村的外婆家过暑假，农田周边有很多小水沟，我可喜欢泡在小水沟里捉鱼摸虾，挖泥鳅了。后来，小水沟里没了鱼虾的踪影，连绿油油的水草都没了。外婆说农药打多了，它们都被毒死了。我觉得这些农药的危害太大！能不使用就不要使用。

沐沐：

不使用杀虫剂，种植户很可能会因为虫害颗粒无收。我觉得减少杀虫剂使用的前提和关键，是要大力发展绿色环保的农业技术。我爸爸每年都会种植很多草莓，为了防止虫害，每年都要喷七八次药剂。今年，在农业专家的指导下，他在草莓生长的不同阶段针对不同虫害投放了瓢虫、食蚜蝇等天敌昆虫，减少了很多杀虫剂的使用，草莓也生长得很好。

互动留言区：

阳阳：

农业生产需要杀虫剂，家庭生活也少不了它。苍蝇、蚊子和蟑螂都是生活中常见的害虫，它们繁殖力很强，布满病菌，很容易传播疾病，给人们造成很大困扰。若想消灭它们，杀虫剂能派上大用场。我觉得，从目前来看，杀虫剂必不可少，关键要合理使用，并且能够让人们掌握合理使用的方法。

我说：

【一叶知春】

是以圣人常善救人,故无弃人;常善救物,故无弃物。

——《道德经》

子钓而不纲,弋不射宿。

——《论语》

谁道群生性命微,一般骨肉一般皮。劝君莫打枝头鸟,子在巢中望母归。

——唐·白居易《鸟》

二月湖水清,家家春鸟鸣。

——唐·孟浩然《春中喜王九相寻》

民,吾同胞;物,吾与也。

——北宋·张载《西铭》

以善汇友

> 言朋友之义,务在切直以升于善道者也。
> ——《中论》

温暖老师：“有朋自远方来，不亦乐乎？”中国人历来看重朋友，甚至对不同的朋友关系有不同的称谓。你们知道几个？

阳阳：知识竞答开始！贤者因志同道合而交往，平淡如水，不尚虚华，不牟私利。我们怎么称呼这样的朋友关系？

暄暄：君子之交！《庄子》中说："君子之交淡如水，小人之交甘若醴（lǐ，甜酒）。"

阳阳：情趣一致、非常知心的朋友关系怎么称呼？

沐沐：莫逆之交。"莫逆"就是彼此情投意合，非常相好。

阳阳：没有血缘关系，却结交成异姓兄弟姐妹，这样的朋友关系是什么？

暄暄：八拜之交！

暄暄：中国还有很多关于友谊的故事广为流传，比如管仲和鲍叔牙的管鲍之交、伯牙和钟子期的知音之交、廉颇和蔺相如的刎颈之交、羊角哀与左伯桃的羊左之交，等等。

生命中的那些暖

阳阳: 因为一同经历患难而产生的深厚友情叫什么?

沐沐: 患难之交!

阳阳: 幼时结交的朋友关系可以怎么说?

沐沐: 总角之交。古代的未成年人会把头发左右分开,扎成像羊角的发髻。总角就是指这种小发髻,又借指幼年……像我们这样的朋友关系,就可以说是总角之交!

温暖老师: 中华传统文化中对朋友的称谓还有很多,不管什么称谓都能表现出中国人对友谊的推崇!不管什么样的朋友关系,友善都是基础!朋友间要彼此欣赏、坦诚相待,也要包容理解、互相勉励、共同进步。

【叩门引路】 庄子和惠子都是战国时期的思想家。惠子是名家学派的主要代表，庄子是道家学派的主要代表。庄子崇尚自由，只担任过宋国地方的漆园吏，而惠子官至王相。两人经常互相"抬杠"，《庄子》中记载了许多他们的精彩辩论，其中最著名的当属"濠（háo）梁之辩"。虽然这两个人表面上争论不休，却是至交好友。

无以为质

庄子送葬，过惠子之墓，顾谓从者曰："郢①人垩慢②其鼻端若蝇翼，使匠石③斫④之。匠石运斤⑤成风，听⑥而斫之，尽⑦垩而鼻不伤，郢人立不失容。宋元君闻之，召匠石曰：'尝试为寡人为之。'匠石曰：'臣则尝能斫之。虽然⑧，臣之质⑨死久矣。'自夫子⑩之死也，吾无以为质矣，吾无与言之矣！"

（选自《庄子》）

【注释】

①郢（yǐng）：春秋战国时楚国都城，在今湖北省江陵县西北。
②垩（è）慢：用白土涂抹。垩，白色的土，可用来粉饰墙壁。慢，通"墁"，涂抹。
③匠石：名为石的匠人。
④斫（zhuó）：用刀、斧等砍劈。
⑤运斤：挥动斧头砍。运，挥动。斤，斧子一类的工具。

⑥听：听凭，任凭。
⑦尽：完，没有了。
⑧虽然：即使如此。
⑨质：对手，对象。
⑩夫子：指惠子。

【小课堂】什么是"濠梁之辩"？

"濠梁之辩"出自《庄子与惠子游于濠梁之上》。庄子和惠子在濠水桥上游玩，俯看鲦（tiáo）鱼自由自在地游来游去，展开了一场"人能否知鱼的快乐"的辩论。辩论的问题是两个不同主体是否可以互相感知。其中广为人知的一句话是："子非鱼，安知鱼之乐？"意思是："你不是鱼，怎么知道鱼的快乐呢？"

【见微知著】匠石的技艺炉火纯青，但若没有郢人的信任，也无法运斤成风。庄子借这个寓言表达对好友惠子的怀念。朋友可以是心意相通的知音，也可以是棋逢对手的辩友。庄子和惠子通过辩论，相互激发，彼此升华。真正的朋友不会因为身份地位的不同而阿谀奉承，刻意敷衍，真正的朋友可以和而不同，慕而不攀，但对彼此有发自内心的欣赏和敬佩，惺惺相惜。

【叩门引路】 毕业季与同学、好友的依依惜别还历历在目，毕业留言册上哪些走心的寄语打动过你？送别是中国古代诗歌的常见主题，让我们一起来看看古人的送别寄语是怎么写的吧！

唐诗四首

于易水①送别

唐 骆宾王②

此地别燕丹③，壮士发冲冠④。
昔时人已没⑤，今日水犹寒。

【故事汇】

　　燕太子丹于易水送别荆轲的故事，在《战国策》《史记》中都有记载。战国末年，秦国灭赵后，兵锋直指燕国南界。卫国人荆轲为报燕太子丹的知遇之恩，欲入秦国行刺秦王，迫使其归还诸侯之地。临行时，燕太子丹、高渐离等人穿着白衣丧服，在易水边送别荆轲。高渐离击筑（zhù，一种弦乐器），荆轲亢声而歌："风萧萧兮易水寒，壮士一去兮不复还。"歌声悲壮激越，"士皆瞋目，发尽上指冠"。

　　荆轲被杀后，好友高渐离谋划为他报仇，在为嬴政演奏时于筑内灌铅，以之击打嬴政，因眼盲失手被擒，后被杀。

沐沐：

从现有史料来看，骆宾王在何时送的何人已无从考证。但有人猜测诗人送别的是与自己肝胆相照的朋友，这可能是一次生死离别。你觉得对吗？

读者留言：

以善汇友

送柴侍御[6]

唐 王昌龄[7]

流水通波[8]接武冈[9]，送君不觉有离伤。
青山一道同云雨，明月何曾是两乡。

温暖老师：

一句肯定，一句反问，既是对朋友的安慰，也表现出作者乐观开朗的心态。

南浦[10]别

唐 白居易[11]

南浦凄凄别，西风袅袅秋。
一看肠一断，好去莫回头。

沐沐：

以景衬情是送别诗的常用手法。《南浦别》的前两句通过景色描写渲染出了浓浓的离愁。

温暖老师： 那你们能具体说说这两句是怎么渲染的吗？

阳阳：

"凄凄""袅袅"这两个叠词用得特别传神，不仅表现出秋天的萧瑟，还传达出了诗人送别朋友时内心的依依不舍。

谢亭送别

唐 许浑[12]

劳歌[13]一曲解行舟，红叶青山水急流。
日暮酒醒人已远，满天风雨下西楼。

【小课堂】谢亭在哪里？

谢亭，又叫谢公亭，在今安徽省宣城市北面，是南齐诗人谢朓任宣城太守时所建。他曾在这里送别朋友范云，后来谢亭就成为宣城著名的送别之地。

【注释】

① 易水：河流名，也称易河，位于河北省西部易县境内，为战国时燕国的南界。

② 骆宾王："初唐四杰"之一。他7岁时写的《咏鹅》启蒙了古往今来无数孩童。他的名字取自《易经》"观国之光，利用宾于王"，父母期望他能够成为君主重要的宾客，建功立业。但骆宾王一生并不顺遂，早年丧父，怀才不遇，多次被贬。武则天当政期间，他因上疏议论朝政被捕入狱，后遇赦获免。徐敬业在扬州起兵反周兴唐，骆宾王起草《为徐敬业讨武曌檄》。后徐敬业兵败被杀，骆宾王下落不明。

③ 别燕丹：指的是荆轲作别燕太子丹。

④ 发冲冠：头发直立，把帽子都冲起来了，形容人极度愤怒的样子。冠，帽子。

⑤ 没（mò）：通"殁"，死。

⑥ 侍御：官职名。

⑦ 王昌龄：字少伯，盛唐时期著名边塞诗人。他早年贫贱，困于农耕，开元十五年（727年）始中进士，后因事屡次被贬。安史之乱中，王昌龄路经亳州为刺史闾丘晓所杀。这首诗作于唐玄宗天宝七年（748年）作者被贬龙标时，友人柴侍御将要从龙标前往武冈，诗人写下这首诗为他送行。

⑧ 通波：四处水路相通。

⑨ 武冈：县名，在湖南省西部。

⑩ 南浦：南面的水边，后用来指代送别之地。

⑪ 白居易：字乐天，自号香山居士，中唐时期伟大的现实主义诗人。安史之乱是大唐帝国由强盛到衰微的转折点，白居易生活于安史之乱之后，尝过流离之苦，对中下层人民的生活有切身体会。他重视文学干预现实的作用，主张"文章合为时而著，歌

插画 朱彤

诗合为事而作";仿照汉乐府,自创新题,咏写时事,与好友元稹等人一起倡导了诗歌革新的新乐府运动。有《白氏长庆集》传世,代表作有《长恨歌》《琵琶行》《卖炭翁》《钱塘湖春行》等。

⑫许浑:字用晦(一作仲晦),晚唐诗人。他自少苦学多病,喜爱林泉。其诗长于律体,多登高怀古之作。

⑬劳歌:原本指在劳劳亭(旧址在今江苏省南京市,也是一个著名的送别之地)送客时唱的歌,后来成为送别歌的代称。

以善汇友

【见微知著】

这四首诗有的激昂慷慨,有的积极乐观,有的惆怅感伤,有的悲苦凄凉。当我们满怀希望时,送别是奔赴前程,也是为了更好地相聚;当我们失去希望时,送别可能意味着永不相见,是难以承受的分离。繁盛的时代给人以希望,人们充满建功立业的渴求;衰败的时代使未来充满不确定性,人们朝不保夕,痛苦悲观。这四首送别诗分别出自初唐、盛唐、中唐、晚唐四个不同时期,诗歌表达出的不同情绪,也反映出唐朝由盛而衰的不同时代特征。

中国已全面建成小康社会,开启全面建设社会主义现代化国家新征程。中国已进入新时代,未来可期,年轻的朋友们需要互相激励,承担使命,锐意进取。中国古代送别诗有很多,和朋友道别奔赴前程时,你会选择哪首诗表达自己的心情?

【叩门引路】

人们常用"两肋插刀"来形容朋友间的义气。但这个成语并不是说讲义气就要在胸上插刀！它的背后有个阴差阳错的故事——唐朝开国功臣秦叔宝为了搭救朋友，在一个叫两肋庄的地方走了岔道，"插刀"是"岔道"的误传！虽是误传，但这个成语用来形容乐于为朋友付出、有所承担，是再贴切不过。大家都读过《水浒传》，梁山好汉个个都是"路见不平一声吼"的壮士，更不乏为朋友两肋插刀的义举。豹子头林冲与花和尚鲁智深是结拜之交，林冲遭高俅（qiú）陷害被发配，途经野猪林，野猪林险峻荒凉，是坏人杀人越货的好地方。鲁智深担心林冲安危，早早就在野猪林等着了……

温暖老师：
感兴趣的同学可以挑选《水浒传》中的有关章节读一读，了解林冲和鲁智深是怎样成为朋友的。

鲁智深大闹野猪林

明 施耐庵

话说当时薛霸双手举起棍来，望（往）林冲脑袋上便劈下来。说时迟，那时快，薛霸的棍恰举起来，只见松树背后雷鸣也似一声，那条铁禅杖飞将来，把这水火棍一隔，丢去九霄云外。跳出一个胖大和尚来，喝道："洒家在林子里听你多时！"两个公人看那和尚时，穿一领皂布直裰，跨（挎）一口戒刀，提起禅杖，抢起来打两个公人。林冲方才闪开眼看时，认得是鲁智深。林冲连忙叫道："师兄不可下手！我有话说。"鲁智深听得，收住禅杖。

两个公人呆了半晌，动掸不得。林冲道："非干他两个事，尽是高太尉使陆虞候分付他两个公人，要害我性命。他两个怎不依他？你若打杀他两个，也是冤屈。"

阳阳：
鲁智深倒拔垂杨柳的故事广为人知。他表面粗犷豪迈，实则内心细腻，为朋友操碎了心！

温暖老师：
请你找找看，鲁智深的这段话中哪些地方表现出他"粗中有细"的性格，可以用漂亮的颜色笔标出来。

鲁智深扯出戒刀，把索子都割断了，便扶起林冲，叫："兄弟，俺自从和你买刀那日相别之后，洒家忧得你苦。自从你受官司，俺又无处去救你。打听的你断配沧州，洒家在开封府前又寻不见，却听得人说，监在使臣房内。又见酒保来请两个公人说道：'店里一位官人寻说话。'以此洒家疑心，放你不下。恐这厮们路上害你，俺特地跟将来。见这两个撮鸟带你入店里去，洒家也在那店里歇。夜间听得那厮两个做神做鬼，把滚汤赚了你脚，那时俺便要杀这两个撮鸟，却被客店里人多，恐妨救了。洒家见这厮们不怀好心，越放你不下。你五更里出门时，洒家先投奔这林子里来，等杀这厮两个撮鸟，他倒来这里害你，正好杀这厮两个。"林冲劝道："既然师兄救了我，你休害他两个性命。"鲁智深喝道："你这两个撮鸟，洒家不看兄弟面时，把你这两个都剁做肉酱！且看兄弟面皮，饶你两个性命。"就那里插了戒刀，喝道："你这两个撮鸟，快攙兄弟，都跟洒家来。"提了禅杖先走。两个公人那里敢回话，只叫："林教头救俺两个。"依前背上包裹，提了水

火棍,扶着林冲,又替他扠了包裹,一同跟出林子来。行得三四里路程,见一座小小酒店在村口,四个人入来坐下。看那店时,但见:

前临驿路,后接溪村。数株桃柳绿阴浓,几处葵榴红影乱。门外森森麻麦,窗前猗猗荷花。轻轻酒旆(pèi,长条的酒旗)舞薰风,短短芦帘遮酷日。壁边瓦瓮,白泠泠满贮村醪;架上磁瓶,香喷喷新开社酝。白发田翁亲涤器,红颜村女笑当垆。

当下深、冲、超、霸四人在村酒店中坐下,唤酒保买五七斤肉,打两角酒来吃,回些面米打饼。酒保一面整治,把酒来筛。两个公人道:"不敢拜问师父,在那个寺里住持?"智深笑道:"你两个撮鸟问俺住处做甚么?莫不去教高俅做甚么奈何洒家?别人怕他,俺不怕他。洒家若撞着那厮,教他吃三百禅杖。"两个公人那里敢再开口。吃了些酒肉,收拾了行李,还了酒钱,出离了村店。林冲问道:"师兄,今投那里去?"鲁智深道:"杀人须见血,救人须救彻。洒家放你不下,直送兄弟到沧州。"两个公人听了,暗暗地道:"苦也!却是坏了我们的勾当,转去时怎回话?"且只得随顺他一处行路。有诗为证:

最恨奸谋欺白日,独持义气薄黄金。
迢遥不畏千程路,辛苦惟存一片心。

自此途中被鲁智深要行便行,要歇便歇,那里敢扭他?好便骂,不好便打。两个公人不敢高声,只怕和尚发作。行了两程,讨了一辆车子,林冲在上将息,三个跟着车子行着。两个公人怀着鬼胎,各自要保性命,只得小心随顺着行。鲁智深一路买酒买肉,将息林冲,那两个公人也吃。遇着客店,早歇晚行,都是那两个公人打火做饭,谁敢不依他?二人暗商量:"我们被这和尚监押定了,明日回去,高太尉必然奈何俺。"薛霸道:"我听得大相国寺菜园廨(xiè)宇里新来了一个僧人,唤做鲁智深,想来必是他。回去实说,俺要在野猪林结果他,被这和尚救了,一路护送到沧州，因此下手不得。舍着还了他十两金子，着陆谦自去寻这和尚便了，我和你只要躲得身上干净。"董超道："也说的是。"两个暗商量了不题。

话休絮繁，被智深监押不离，行了十七八日，近沧州只有七十来里路程，一路去都有人家，再无僻静处了。鲁智深打听得实了，就松林里少歇。智深对林冲道："兄弟，此去沧州不远了，前路都有人家，别无僻静去处。洒家已打听实了。俺如今和你分手，异日再得相见。"林冲道："师兄回去，泰山处可说知。防护之恩，不死当以厚报。"鲁智深又取出一二十两银子与林冲，把三二两与两个公人道："你两个撮鸟，本是路上砍了你两个头，兄弟面上饶你两个鸟命。如今没多路了，休生歹心。"两个道："再怎敢，皆是太尉差遣。"接了银子，却待分手，鲁智深看着两个公人道："你两个撮鸟的头，硬似这松树么？"二人答道："小人头是父母皮肉，包着些骨头。"智深抡起禅杖，把松树只一下，打的树有二寸深痕，齐齐折了，喝一声道："你两个撮鸟，但有歹心，教你头也似这树一般。"摆着手，拖了禅杖，叫声："兄弟保重！"自回去了。

董超、薛霸都吐出舌头来，半晌缩不入去。林冲道："上下，俺们自去罢。"两个公人道："好个莽和尚！一下打折了一株树。"林冲道："这个直得甚么？相国寺一株柳树，连根也拔将起来。"二人只把头来摇，方才得知是实。

温暖老师：

《水浒传》第七回中，鲁智深倒拔垂杨柳，镇住了一众泼皮。想一想，他这次打折松树的目的是什么，能起到什么作用？

读者留言：

【见微知著】 为保林冲平安，鲁智深一路陪伴照顾好友到发配之地，用自己的实际行动诠释了什么是共患难、敢担当的朋友义气。在《水浒传》《三国演义》等中国古典文学作品中，类似这样的故事还有很多。这样的朋友之交是中国传统侠文化的一个反映，在个体人格上，其表现为有难必救，施恩必报，信守承诺，表里如一，敢作敢为。但我们也应该看到这是特定时代普通民众抱团取暖，对扩展自身力量、实现公平正义的诉求。

生命中的那些暖

【叩门引路】 两个好朋友，一个是人民教育家，一个是著名科普作家，他俩就是陶行知和高士其。高士其于1927年结识陶行知，受到陶行知的鼓励和帮助，从此在心中埋下了科普创作的种子，也就此种下他俩友谊的种子……

【小课堂】陶行知与高士其做出了哪些贡献？

陶行知（1891年～1946年），安徽歙县人，著名教育家。他提出"生活即教育""社会即学校""教学做合一"等教育主张，倡导生活教育、平民教育、全民教育，在南京创办晓庄试验乡村师范学校开展农村教育实验。陶行知以"捧着一颗心来，不带半根草去"的赤子之忱致力于教育事业，毛泽东赞他是"伟大的人民教育家"。

高士其（1905年～1988年），中国科普事业的先驱和奠基人。从1935年在《读书生活》半月刊第二卷第二期发表第一篇科学小品《细菌的衣食住行》开始，高士其创作了大量优秀的科普作品，为提高人民的科学素质水平、实现国家现代化贡献了毕生的力量。

他在我心中布下科普创作的种子
——忆陶行知先生

现当代 高士其

一九二七年，当我还在南京的时候，有一次李公朴先生约我同往晓庄师范去访问陶行知先生。晓庄师范在南京郊外，是一所新型的学校。师生们都亲自下地劳动，栽种庄稼。他们还养鸡、养猪。所有的书籍、纸笔、桌椅、黑板的用费，都靠劳动所得，尽量做到自食其力。

一九三二年，我到上海，在萨坡赛路李公朴先生家里，又遇到了他。我因失业，走投无路，公朴请陶行知给我帮助。一天傍晚，在濛濛细雨中，陶先生接我到西摩路自然学园去。

自然学园设在一所三层楼的洋房里，我和戴伯韬、董纯才三人住在二楼上，丁柱中、方与严、陶宏三人住在楼下。三层楼上住的是一对犹太人夫妇和他们的女儿。楼下还有厨房和食堂连在一起。烧饭烧菜用的是电灶。楼上有晒台，我们每天起床后，就坐在晒台上晒一会儿太阳。

我们各定（订）了一磅牛奶，送面包的来了，我们啃面包，喝牛奶，一顿很好的早餐。早饭后，我们就开始看报、看书、看资料，进行工作。中午，吃过午饭，开始写作。我编的是生理卫生活页指导；丁柱中译了一部《巴斯德传》；陶宏是搞化学的，他有一套玻璃仪器，还有一架显微镜；方与严是管理一切杂务工作。

我们还有一架十分精密的望远镜。到了晚上，全体自然学园同人们，由陶先生率领到前面一处空地上观看满天星斗。陶先生给我们指出：哪是北斗星，哪是牛郎织女，哪是天河。他又亲自编写了《天文学》活页指导。

在自然学园里，除伙食不用花钱以外，每人每月还有生活补助费十元。自然学园，也是自由学园。在那儿，我们无拘无束，过着写作生活。

我们还创办一所儿童科学通讯学校，这是陶先生一生之杰作。联络点设在爱文义路小沙渡路永裕村，学校整体、主要工作点在西摩路。有时，我们到这所学校去坐坐。当时上海的《时事新报》，还给儿童科学通讯学校登了一篇报道……

那时，我写了一篇给小朋友看的通俗科学作品，叫作《两个小水鬼底写真》，我指的是伤寒、霍乱两大水疫。后来，接到一位小读者的来信，给我提意见说："鬼字有些近乎迷信。"这对我以后写作，是有很大帮助的。陶先生时常对我说："写文章，就是写话，要用口语才好。"直到今天，我还牢牢地记着这些话。

陶先生还同我一起，到史量才先生公馆去。史量才先生是当时申报馆的负责人。他创办有：申报流动图书馆；量才妇女补习学校。他的家，是一所大花园，亭台楼阁，十分豪华，房间里的陈设，非常精致，都是红木家具。

陶先生给史先生介绍我的生平，说："他在试验室受了脑炎病毒的感染，得了脑炎后遗症，在南京中央医院任细菌检验科主任。由于看不惯院长的贪污腐败，愤而辞职。现在流浪到上海，过着亭子间的生活，贫病交迫。公仆先生介绍给我，我把他安排在自然学园里。像他这样一个为科学而献身的人，我们应当设法使他学有所用，不要埋没了这个人才呀！"

阳阳：陶行知对高士其的赞赏溢于言表。

温暖老师：
请你结合陶先生的话，说说他赞赏了高士其怎样的科学精神和人格品质。

量才先生问我能做些什么工作？我把我学习细菌学的经过原原本本地告诉了他。他答应我以他的名义，给我想办法。后来，经过几次商量，因为没有适当工作，也就作罢了……

抗战爆发后，我从上海奔赴延安，又从延安到了重庆，在北碚，有一天正值初夏，陶先生抱着一个大西瓜来看我。我们畅叙别后情景，他劝我到香港去疗养。我告诉陶先生，我在离开延安的时候，组织上就有送我到香港疗养的指示。第二天，我和汪伦同志坐滑竿到北碚区长卢子英办公处，陶先生也应约来了。子英留我们吃便饭，桌上摆着三十六样小菜，量都不多，但非常可口，是北碚风味。席间我们谈起抗战形势，大家都很乐观。国共合作，日寇必败，日本鬼子不可怕。子英是开明人士，陶先生提起为我募捐医疗费一事，子英认捐一笔。

【故事汇】

  1925年夏，高士其考入美国威斯康星大学，准备继续攻读化学系研究生。这时国内传来消息，他的姐姐不幸感染瘟疫去世。高士其认为当前最重要的是把祖国人民从疾病的死亡线上拯救回来，于是决心转入芝加哥大学医学研究院攻读细菌学。一次，高士其在研究脑炎病毒的过程中，瓶子破裂，病毒通过他的左耳耳膜进入小脑，破坏了他的中枢运动神经。但他依然带病坚持学习。1930年，在经常性的眼球失控、脖颈僵直、手足颤抖等常人不能忍受的疼痛中，高士其以惊人的毅力读完了医学博士课程。

  从子英处出来，我远远地瞥见一辆黑色轿车，风驰电掣而来，原来是董老（董必武）和他的随行人员，从重庆红岩村来北碚视察。我能在这里会见他老人家，喜出望外。我们寒暄了一阵，各奔前程。

  是晚，我宿在陶先生家。这是一所两层楼的小房，实际上是旧碉堡，环境清幽宁静。我睡在楼下客厅里，陶先生和他的夫人，还有一位女友，都在楼上。陶先生还请了一位青年陪我，他是育才学校的同学，我们吃了一顿丰美的晚餐。在我和汪伦同志告别之前，还和他一起到吴老（吴玉章）处，向他告别。在那儿，我们还见到叶剑英同志。那天上午，天气晴朗，从窗口俯视江水滔滔。此景，我永远不能忘怀。我们谈了一个上午。我向吴老、叶老汇报陶先生提议我到香港去治疗，并为我募捐一千元路费。他们问长问短，都很关心我的病情。我征得党小组的同意，同意我去港治疗……

  九月中旬的一天，由八路军办事处派来汽车，接我们到青年会暂时住下，陶先生给我安排了房间和伙食，留下那个青年陪伴我，照顾我的起居饮食，并扶我学会走路。

次日，陶先生又来话别，祝我一路平安，嘱到香港后即写信给他，并且说，他已把我的近况向八路军办事处汇报了。过了一天，叶剑英同志和钱之光同志在百忙之中赶来看我，还给我一张伍（五）十元港币和一封介绍信，是给当时我党在港的负责人廖承志和杨琳（即秦邦宪——博古之弟）二人的。他们说："党和毛主席、周副主席都非常关怀你的健康。"他们千叮咛万嘱咐，要我保重身体，在港安心养病，积极治疗。他们还说："你还年轻，为祖国为人民为革命服务的日子还长着呢！"我回答说："你们这样关心爱护我，我要和病魔及一切困难作斗争，把一切献给党，献给壮丽的革命事业，以迎接共产主义的黎明。"

由于党的关怀和支持，由于陶先生的同情和帮助，我的香港之行，终于如愿以偿……

有一天，我正在书桌旁阅报时，穿着绿色制服的邮差，给我一封从遥远的重庆寄来的信，是陶先生写的，是陶先生珍贵的手迹。信上用热情洋溢的语言，对于我在上海所写的科学小品备极赞扬。我的四本科学小品集——《我们的抗敌英雄》《细菌与人》《抗战与防疫》《细菌大菜馆》——他都看过，他认为：这些作品，正合乎他的心意。他鼓励我要多写，这类作品，是小朋友的需要，是劳动大众的需要，是祖国的需要，是人民的需要。读完这封信，我的脑海里漾起了浪花，我的心里布下科普创作的种子……

温暖老师：
这是一篇记事散文，高士其从工作、生活、写作等多个方面回忆陶行知先生对自己的关怀和帮助。读完文章后，你能结合内容列出具体事例吗？

读者留言：

【见微知著】在高士其落魄时,陶行知为他提供工作,让他的生活得以维系;在高士其病重时,陶行知关怀备至,使他得到治疗。在事业上,他们携手共进,为科学教育和科普事业做出巨大贡献。朋友之间应该像他们这样互相帮助,彼此欣赏,以高尚的事业为目标携手共进。

【邀你读书】

　　高士其撰写的《菌儿自传》《我们的土壤妈妈》等都是小读者们所喜爱的经典科普名篇。他的作品立意深远,文辞浅显,使用大量拟人化的比喻、口语化的叙述,连小学生都能读懂。

【叩门引路】 青春年少时的友谊会照亮我们的一生。它可能是我们回忆时挂在嘴角的会心微笑,可能是我们遇到挫折时爬起来的力量,可能是我们面对困惑时的坚定抉择。著名作家巴金在青少年时期幸运地遇到了一批志同道合的朋友,得到他们诸多帮助和鼓励,并从他们那里领悟到生命的真正意义。

【小课堂】《朋友》的创作背景是什么?

巴金出生于四川成都一个富庶的地主家庭,在五四运动中接受了民主主义的洗礼。反对封建礼教、呼吁个性解放是这个时期文学作品的常见主题,常表现为青年与封建家长、家庭的对抗与决裂。巴金以自己原生家庭为原型创作的"激流三部曲"——《家》《春》《秋》是其早期代表作品,控诉了以高老太爷为首的封建家长对青年的压迫和束缚,及其造成的悲剧,描写了觉慧、觉民等进步青年冲破宗法束缚、走向新生活的过程。这篇散文写于1933年6月,长篇小说《家》出版后不久。

朋友

现当代 巴金

这一次的旅行使我更了解一个名词的意义,这个名词就是:朋友。

七八天以前我曾对一个初次见面的朋友说:"在朋友们面前我只感到惭愧。你们待我太好了,我简直没法报答你们。"这并不是谦虚的客气话,这是真的事实。说过这些话,我第二天就离开了那个朋友，并不知道以后还有没有机会再看见他。但是他给我的那一点点温暖至今还使我的心颤动。

我的生命大概不会很长久罢。然而在短促的过去的回顾中却有一盏明灯，照彻了我的灵魂的黑暗，使我的生存有一点光彩。这盏灯就是友情。我应该感谢它，因为靠了它我才能够活到现在；而且把旧家庭给我留下的阴影扫除了的也正是它。

世间有不少的人为了家庭抛弃朋友，至少也会在家庭和朋友之间划一个界限，把家庭看得比朋友重过若干倍。这似乎是很自然的事情。我也曾亲眼看见一些人结婚以后就离开朋友，离开事业……

朋友是暂时的，家庭是永久的。在好些人的行为里我发现了这个信条。这个信条在我实在是不可理解的。对于我，要是没有朋友，我现在会变成怎样可怜的东西，我自己也不知道。

然而朋友们把我救了。他们给了我家庭所不能给的东西。他们的友爱，他们的帮助，他们的鼓励，几次把我从深渊的边沿救回来。他们对我表示了无限的慷慨。

我的生活曾经是悲苦的，黑暗的。然而朋友们把多量的同情，多量的爱，多量的欢乐，多量的眼泪分了给我，这些东西都是生存所必需的。这些不要报答的慷慨的施舍，使我的生活里也有了温暖，有了幸福。我默默地接受了它们。我并不曾说过一句感激的话，我也没有做过一件报答的行为。但是朋友们却不把自私的形容词加到我的身上。对于我，他们太慷慨了。

这一次我走了许多新地方，看见了许多新朋友。我的生活是忙碌的：忙着看，忙着听，忙着说，忙着走。但是我不曾遇到一点困难，朋友们给我准备好了一切，使我不会缺少什么。我每走到一个新地方，我就像回到我那个在上海被日本兵毁掉的旧居一样。

每一个朋友，不管他自己的生活是怎样苦，怎样简单，也要慷慨地分一些东西给我，虽然明知道我不能够报答他。有些朋友，连他们的名字我以前也不知道，他们却关心我的健康，处处打听我的"病况"，直到他们看见了我那被日光晒黑了的脸和膀子，他们才放心地微笑了。这种情形的确值得人掉眼泪。

有人相信我不写文章就不能够生活。两个月以前，一个同情我的上海朋友寄稿到广州《民国日报》的副刊，说了许多关于我的生活的话。他也说我一天不写文章第二天就没有饭吃。这是不确实的。这次旅行就给我证明：即使我不再写一个字，朋友们也不肯让我冻馁（něi，饥饿）。世间还有许多慷慨的人，他们并不把自己个人和家庭看得异常重要，超过一切。靠了他们我才能够活到现在，而且靠了他们我还要活下去。

朋友们给我的东西是太多、太多了。我将怎样报答他们呢？但是我知道他们是不需要报答的。

最近我在法国哲学家居友的书里读到了这样的话："生命的一个条件就是消费……世间有一种不能跟生存分开的慷慨，要是没有了它，我们就会死，就会从内部干枯。我们必须开花。道德，无私心就是人生的花。"

在我的眼前开放着这么多的人生的花朵了。我的生命要到什么时候才会开花？难道我已经是"内部干枯"了么？

一个朋友说过："我若是灯，我就要用我的光明来照彻黑暗。"

以善汇友

温暖老师：
引用别人的话往往是为了表明自己的观点。想一想，巴金引用法国哲学家居友的话是为了表明自己怎样的人生观，是什么促使他形成这样的人生观？

读者留言：

我不配做一盏明灯。那么就让我做一块木柴罢。我愿意把我从太阳那里受到的热放散出来，我愿意把自己烧得粉身碎骨给人间添一点点温暖。

生命中的那些暖

【见微知著】 巴金以"把心交给读者"的态度写作，他的散文真诚、爽利，像朋友在吐露心胸，阅读他的散文如遇良友。本文不仅谈友情，结尾部分还让友情得以升华，变成为对全人类的友善和温暖。叶圣陶说这是"受了友情的培养而滋长起来的一种崇高的道德感"，因为被无私的友爱所感染，巴金立志做一名奉献者和爱的传递者，人生格局和境界得到了提升。

【叩门引路】

著名翻译家、文学家梁实秋先生以一人之力历时37年完成《莎士比亚全集》的翻译,是迄今为止独自翻译《莎士比亚全集》的唯一中文译者。他之所以能够译完《莎士比亚全集》,好友胡适起到了重要作用。翻译《莎士比亚全集》的倡议是胡适发起的。在胡适病入膏肓时,为了让好友安心,梁实秋承诺一定会完成翻译工作……1967年5月,梁实秋克服了常人无法想象的困难后完成了这项任务,给后人留下宝贵财富。

什么是真正的友谊?友谊在我们的生活中是什么角色?我们应该结交什么样的朋友,又应该怎样与朋友相处?我们来听听梁实秋怎么说。

谈友谊

现代 梁实秋

朋友居五伦(指封建社会君臣、父子、兄弟、夫妇、朋友五种伦理关系)之末,其实朋友是极重要的一伦。所谓友谊实即人与人之间的一种良好的关系,其中包括了解、欣赏、信任、容忍、牺牲……诸多美德。如果以友谊作基础,则其他的各种关系如父子夫妇兄弟之类均可圆满地建立起来。当然父子兄弟是无可选择的永久关系,夫妇虽有选择余地,但一经结合便以不再仳(pǐ,分别、别离)离为原则,而朋友则是有聚有散可合可分的。不过,说穿了,父子夫妇兄弟都是朋友关系,不过形式性质稍有不同罢了。严格地讲,凡是充分具备一个好朋友的条件的人,他一定也是一个好父亲、好儿子、好丈夫、好妻子、好哥哥、好弟弟。反过来亦然。

> 阳阳：
> 如果我们和家人相处时抱着交友的心态，沟通会更顺畅，关系也会更融洽。

我们的古圣先贤对于交友一端是甚为注重的。《论语》里面关于交友的话很多。在西方亦是如此。罗马的西塞罗有一篇著名的《论友谊》。法国的蒙田、英国的培根、美国的爱默生，都有论友谊的文章。我觉得近代的作家在这个题目上似乎不大肯费笔墨了。这是不是叔季之世（古时少长顺序按伯、仲、叔、季排列，叔季在兄弟中排行最后，比喻末世将乱的时代。《左传》云："政衰为叔世""将亡为季世"）友谊没落的象征呢？我不敢说。

古之所谓"刎颈交"，陈义（陈说的道理、大义）过高，非常人所能企及。如 Damon 与 Pythias，David 与 Jonathan，怕也只是传说中的美谈罢。就是把友谊的标准降低一些，真正能称得起朋友的还是很难得。试想一想，如有银钱经手的事，你信得过的朋友能有几人？在你蹭蹬失意或疾病患难之中还肯登门拜访乃至雪中送炭的朋友又有几人？你出门在外之际对于你的妻室弱媳肯加照顾而又不照顾得太多者又有几人？再退一步，平素

【故事汇】

Damon 和 Pythias：这个故事源自古希腊作家盖乌斯创作的《达蒙和皮西厄斯》。Pythias（皮西厄斯）因触怒国王被判处死刑。为了让他能回家探视亲人，他的好友 Damon（达蒙）留在狱中作人质。如果皮西厄斯不按时返回，达蒙就会被处死。期限将至，临处刑之际，皮西厄斯及时赶回。国王被他们的友谊和信义感动，将两人都释放了。

David 与 Jonathan：David（大卫）即古代以色列国王大卫，他原本只是一个普通牧羊人，在以色列人与非利士人的战斗中，因战胜巨人战士歌利亚而受到以色列人的爱戴和拥护，被当时的以色列国王扫罗所忌惮和追杀。Jonathan（乔纳森）是以色列国王扫罗的儿子，也是大卫的好朋友，为了保护大卫他违背自己的父亲，为其通风报信。

> **温暖老师：**
> 请你试着把这一连串的反问句改成陈述句并读一读，在比较中体会这些反问句中的感情色彩。它们是不是更能引发我们的思考和共鸣？

投桃报李，莫逆于心，能维持长久于不坠者，又有几人？总角之交，如无特别利害关系以为维系，恐怕很难在若干年后不变成为路人。富兰克林说："有三个朋友是最忠实可靠的——老妻、老狗和现款。"妙的是这三个朋友都不是朋友。倒是亚里士多德的一句话最干脆："我的朋友们啊！世界上根本没有朋友。"这句话近于愤世嫉俗，事实上世界里还是有朋友的，不过虽然无须打着灯笼去找，却是像沙里淘金而且还需要长时间的洗练。一旦真铸成了友谊，便会金石同坚，永不退转。

> **温暖老师：**
> 正话反说有意想不到的风趣效果。你可以结合上下文说一说"臭味相投"在这里的真正意思。

　　大抵物以类聚，人以群分。臭味相投，方能永以为好。交朋友也讲究门当户对，纵不必像九品中正那么严格，也自然有个界线。"同学少年多不贱，五陵裘马自轻肥"，于"自轻肥"之余还能对着往日的旧游而不把眼睛移到眉毛上边去么？汉光武容许严子陵把他的大腿压在自己的肚子上，固然是雅量可风，但是严子陵毅然决然地归隐于富春山，则尤为知趣。朱洪武（即明太祖朱元璋）写信给他的一位朋友说："朱元璋做了皇帝，朱元璋还是朱元璋……"话自管说得很漂亮，看看他后来之诛戮功臣，也就不免令人心悸。人的身心构造原是一样的，但是一入宦途，可能发生突变。孔子说，无友不如己者。我想一来只是指品学而言，二来只是说不要结交比自己坏的，并没有说一定要我们去高攀。友谊需要两造。假如双方都想结交比自己好的，那便永远交不起来的。

好像是王尔德说过，"一个男人与一个女人之间是不可能有友谊存在的。"就一般而论，这话是对的，因为男女之间有深厚的友谊，那友谊容易变质，如果不是心心相印，那又算不得是友谊。过犹不及，那分际是难以把握的。忘年交倒是可能的。祢衡年未二十，孔融年已五十，便相交友，这样的例子史不绝书。但似乎是也以同性为限。并且以我所知，忘年交之形成固有赖于兴趣之相近与互相之器赏，但年长的一方面多少需要保持一点童心，年幼的一方面多少需要显着几分老成。老气横秋则令人望而生畏，轻薄儇佻则人且避之若浼。单身的人容易交朋友，因为他的情感无所寄托，漂泊流离之中最需要一个一倾积愫的对象，可是等到他有红袖添香稚子候门的时候，心境便不同了。

> **阳阳：**
> 孤单寂寞时需要朋友是本能，高光时刻不忘友情与分享才是真友谊！

"君子之交淡若水"，因为淡所以不腻，才能持久。"与朋友交，久而敬之。"敬也就是保持距离，也就是防止过分的亲昵。不过"狎而敬之"是很难的。最要注意的是，友谊不可透支，总要保留几分。Mark Twain 说："神圣的友谊之情，其性质是如此的甜蜜、稳定、忠实、持久，可以终身不渝，如果不开口向你借钱。"这真是慨乎言之。朋友本有通财之谊，但这是何等微妙的一件事！世上最难忘的事是借出去的钱，一般认为最倒霉的事又莫过于还钱。一牵涉到钱，恩怨便很难清算得清楚，多少成长中的友谊都被这阿堵物所戕害！

规劝乃是朋友中间应有之义，但是谈何容易。名利场中，沆瀣（xiè）一气（指臭味相投的人结合在一起），自己都难以明辨是非，哪有余力规劝别人？而在对方则又良药苦口忠言逆耳，谁又愿意让人批他的逆鳞？规劝不可当着第三者的面前行之，以免伤他的颜面，不可在他情绪不宁时行之，以免逢彼之怒。孔子说："忠告而善道之，不可则止。"我总以为劝善规过是友谊的消极的作用。友谊之乐是积极的。只有神仙与野兽才喜欢孤独，人是要朋友的。"假如一个人独自升天，看见宇宙的大观，群星的美丽，他并不能感到快乐，他必要找到一个人向他述说他所见的奇景，他才能快乐。"共享快乐，比共受患难，应该是更正常的友谊中的趣味。

沐沐： 真正的朋友应该同享乐，还是共患难？说说你的理由。

读者留言：

【见微知著】

这是一篇说理散文。文章以"友谊"为题，开宗明义，将友谊定义为人与人之间一种良好的关系，认为重视友谊是东西方文化共同的优良传统。作者从感性经验出发，调侃了虚伪的朋友关系，批判了人性的弱点。作者表达观点时客观而冷静，表现出理性的节制。比如，他认为真正的友谊很难得，但又认为真正的友谊是存在的；他主张交友要趣味相投，也要把握分寸，用心维护。

梁实秋认为文学应该切近人生，他的散文多从人情世态着手，冷峻之中有人文关切，调侃之中有世情洞察。因为他学贯中西，所以论述时经常旁征博引，各种典故信手拈来。

【叩门引路】你是不是有过这样的心事？曾经亲密无间的朋友渐渐变得疏远生分，原来无话不说的伙伴现在却找不到共同话题，不管做什么事情都要黏在一起、好成一个人的两个人好久都没有联系……总之，你曾经以为会天长地久的朋友渐行渐远了。你也许会有这样的困惑：好朋友不就应该一直在一起吗？

蓝五角星

当代 程玮

　　果果对着日历直发愣。星期天，红艳艳的一页。右上角用蓝墨水画着一个五角星。这是一个节日，一个果果自己的节日，所以她做了这样一个记号。可要命的是，果果现在就是想不起，这是个什么节日。

　　她托着腮帮子，认认真真地想，决心要把它想出来。画蓝五角星的日子并不多，一定能想出来的。对了，一定是谁的生日，果果向来很看重生日，不管是自己的，还是别人的。她怕自己忘记，总在日历上留下一个蓝五角星。爸爸，妈妈，姐姐？都不是。她由近及远，逐个想着跟自己有关的人。

　　对了，她想起来了，这是小星的生日。怎么竟把她的生日给忘了呢？果果觉得非常抱歉。

> **阳阳：**
> 画蓝五角星的日子对果果来说是很重要的人的生日，果果为什么会没有想起来？

> **温暖老师：** 你们可以在接下来的段落中找找原因。

小星是果果的好朋友。小学六年，她们一天也没红过脸。后来，毕业了。小星考上了师大附中，这是全市最有名气的一所中学。从那个大门里出来的学生，个个脖子特别硬，特别神气。而果果，只进了一所普通中学。大家都认为，这是果果的一次偶然失误。她的功课并不比小星差。可关键时刻容不得失误。以后，小星上她的师大附中，果果上她的普通中学。刚开始，两个人每逢星期天还碰一次头，不是在果果家，就是在小星家。后来，碰头的次数越来越少了。大家都很忙，功课也很多。好容易盼来一个星期天，快快活活睡个懒觉，再看看电视，不比什么都开心？再说，真的好朋友也不一定要常常见面，只要相互记挂着就行了。小星这样认为，果果也这样认为。于是，大家心平气和地不见面了。有时也通一两封信，那信也写得简单。到底不在一个学校，共同的话题很少。

吃过午饭，果果就带着十块钱上街去了。买生日礼物是很费事的，又要买得有意义，又不能俗气。现在都是大人了，小星又在那样的学校读书，眼界一定高了不少。不像以前，一个小影集，或者一支钢笔，一本塑料封面的笔记本就能当成生日礼物的。

果果一口气跑了好几个商场。最后总算选定了一盒磁带，是朱晓琳的。果果很喜欢听她的歌。她相信小星也会喜欢的。她把余下的钱买了一条红缎带，扎在磁带盒上，漂亮极了。

> **暄暄：** 果果很用心地为小星选了礼物。你曾为谁的生日这样用心过？

天上飘起了细蒙蒙的小雨。果果没带伞，急匆匆地走着。只一会儿，额前的头发已经湿漉漉的了。

她顶着一头雨珠来到小星家。小星家新装了一个门铃，只一按，便嘟嘟地奏起了《走在乡间的小路上》。

　　开门的是小星。好久不见，她长高了，比果果高出了半个头。脸色也比果果好看，红扑扑的。师大附中的食堂是很有名的，报纸上、电视里介绍过好多次。不像果果的学校，甲类菜只供应老师，不供应学生。

　　"果果！"小星又惊又喜，"你还记得我的生日？"

　　"当然！"果果回答得有点不自然。

> **温暖老师：**
> 小星回答时为什么会"不自然"？这样的语言描写反映出果果什么样的心理活动？你可以试着在这里帮作者插入一段果果的心理描写。
>
> **读者留言：**

　　小星家收拾得很干净。大圆桌上蒙着一块漂亮的桌布。鲜花、糖果、瓜子、苹果，放得五彩缤纷。厨房里，小星妈妈正在洗一条很大的鲫鱼。案板上，篮子里，堆着不少菜。

　　果果观察了一阵，问道："小星，今晚你请客吗？"

　　"是的，请我们学校的几个同学。"小星随意地看了看表。

　　果果的眼神黯淡了。原来，小星等的并不是她。或者说，小星根本就不希望她来。她这么大老远一本正经地跑来，真有点自作多情。"小星，我也是……路过，顺便来看看。"她喃喃地解释着，觉得自己非常可笑。

　　一时间，小星也有点失望。"路过也好，顺便也好，反正你吃了晚饭再走吧！"小星把果果按到沙发上，"果果，给你看一样东西。"

一把亮铮铮的吉他,是小星哥哥送给妹妹的生日礼物。

果果摸了摸口袋里的磁带。这礼物好像太轻了,拿不出手。

"你不知道,我可想死吉他了。我们学校有个吉他小组,每星期活动两次。我老去借人家的,怪不好意思的。"小星坐到果果身边,侧着头,弹起了《外婆的澎湖湾》,一脸陶醉的样子。

果果不想看她,又忍不住要看她。才几个月,她们俩的差距已经出来了。小星长高了,长漂亮了,还学会了弹吉他。可果果呢,还跟从前一个样。

"你不知道,我们学校还有缝纫小组、烹调小组、编织小组,还有健美队,我真恨不得把自己分成几块,什么都学一学。"小星意识到自己冷落了好朋友,忙问,"你们学校呢?"

"我们学校……"果果想很诚实地说,我们学校什么都没有。但话到嘴边又改了,"我们学校也有。"她必须这样说。因为这不光关系到果果学校,还关系到果果自己。"可我,不想学。"她又补充了一句。

"哎呀,你真傻,为什么不学呢?"小星真心诚意地为果果遗憾。

是啊,果果是傻。果果要是不傻,怎么会考砸了呢?怎么会上那么一个学校呢?果果突然觉得一阵委屈。

这时,"乡间小路"又奏起来了。小星立刻放下吉他,飞快地跑过去开门。一阵嘻嘻哈哈的笑声淹没了"乡间小路"的最后几个旋律。小星带进来一大群人。领头的穿着一件鲜红的毛线大衣,手里提着一个很大的生日蛋糕。她们每个人都戴着师大附中的校徽,那校徽,看着就跟别的学校不一样,沉甸甸的,听说是珐琅质的。

果果低下头,看一眼胸前那个不起眼的铝质校徽。她真不应该戴着它到这里来的。

小星把果果介绍给她的同学,"这是我小学同学,方果。"

果果朝大家点了点头。她觉得,十几道目光都朝她的铝质校徽扫了一眼。只一眼,便立刻转向吉他了。

> **沐沐:**
> 越想藏起来的东西就越觉得它显眼。这只是果果的一个心理感受,她太敏感了!

"真棒,新买的?"

"这下你自己有吉他了!"

"来,弹一个!"

她们对吉他的兴趣显然比对果果大得多。果果不知所措地站在那儿。

小星又弹了一段《外婆的澎湖湾》,她好像只会这一段。可大家都听得很带劲。"红毛线大衣"用水果刀敲着桌子打拍子。还有人嘴里含着糖,含糊不清地跟着哼哼。

果果明白,她只是一个很次要、很不起眼的角色,她悄悄地走进了厨房。

"果果,怎么不跟她们一起玩?"小星妈妈问。

"伯母,我来帮帮你。"果果低低地说了一声,便埋头摘起豆芽菜来。

小星妈妈忙着,有一句没一句地跟果果说着话:"下雨了。"

"嗯。"果果留神着那边的谈话。她们正在讲一个男生,说他长得帅,很有骑士风度。说他老偷看小星。小星格格地笑着,却死活不承认。

"小雨,下下停停,没有问题。"

"嗯。"果果应着。一个叫李珊的人,在街上无痛穿耳,结果耳朵发炎了。她不好意思,只好请病假。大家一起乐得哈哈大笑。

"你们学校,还好吧?"

"嗯。"小星她们的化学老师,一年到头穿咖啡色袜子。不知他就这一双呢,还是他特别喜欢那种颜色。应该进一步调查调查。果果把摘剩的豆芽慢慢地扫到一起。

"果果!"小星不知什么时候走进来了。她盯着果果的眼睛看了一会儿,"你不高兴?"

"没有。"果果认真地笑了笑。

"其实,她们都是很好的。"

"是很好的。"果果像个录音机。

小星拉起果果:"快出去吧,跟大家一起玩。"

"不,不!"果果急忙挣开小星的手。她笑着,急急忙忙地说:"你快去陪她们吧!我不要紧,我跟伯母在一起不冷清。"

是的,吉他,骑士,李珊,还有那个一年到头穿咖啡色袜子的化学老师,都不属于果果的谈话范围。她坐到那里去干什么,让别人欣赏她的校徽?

沐沐:

小星不想让果果感觉到被冷落。但学习、生活环境的改变,导致两人的共同话题减少,是两个好朋友渐行渐远的主要原因。

那边开始讲考分。考分永远是最热门的话题。进中学时的考分,可以一直被自豪地回忆到中学毕业。

"我才倒霉呢。数学考九十九点五分,就差那么一点点就满分了,也不知那零点五是怎么扣下的。"自称倒霉的人语气中带着说不出的自豪。

"那我更倒霉了,我只有九十七分。我们学校的数学考分不高,我还算是最高分呢。"更倒霉的人说得乐滋滋的。

"我们班的学习委员是个假洋鬼子,平时小考分数特高,正经八百的毕业考试,考砸了,进了十四中……"

"嘘!"有人打断她。果果听出来,这是小星。

那边一片沉寂,一点点声音都没有。有谁嗑了个瓜子,立刻又没声了。

果果心里沉甸甸地难受。她偷眼看了看小星妈妈,她也正在偷看她。两人笑了笑,笑得很不自在。

"其实,哪个学校都一样。"小星妈妈说。

> **暄暄:** 小星一直在照顾着果果敏感的自尊心。

> **沐沐:** 但这种照顾为什么会让果果感觉"心里沉甸甸地难受"?

"是的,都一样。"果果也说。

其实,两个人的眼睛明明都在说:"到底不一样。"

一个声音说:"算啦,算啦,不说这些了。小星,再弹一个吧!"

仍然是《外婆的澎湖湾》,几个声音跟着吉他在唱:"澎湖湾,澎湖湾,外婆的澎湖湾……"

果果突然觉得很心烦。她决定走了,悄悄地走,不让任何人知道。她把磁带摸出来,轻轻地放在桌子上。磁带上的红缎带真漂亮,她把红缎带扶一扶正,悄悄地向门口走去。

没有人注意她,甚至连小星妈妈也没注意到,她正全神贯注地盯着冒青烟的油锅。果果有点难过,她知道,自己以后再不会来了,不会来了。

还在下雨。雨很小,小得像一片雾,一缕纱。果果慢慢地在雨雾中走着。温暖、湿润的雨雾团团包围着她,纠缠着她,像一个温情又带点调皮的好朋友。天已经黑了。记得小星说过,她是在天黑的时候出生的。而果果,却是在天亮的时候出生的。十四年以前的现在,小星出生了。再过十几天的一个黎明,果果出生了。那时候,谁也不会想到,这两个女孩子会碰到一起,又会分开,谁也不会料到,这两个女孩子中间,有一个考上重点中学,戴一个珐琅质的校徽;有一个上了普通中学,戴一个铝质校徽。这一切到底是什么决定的呢,就那么一场考试?果果有点想不通。

一次失误真算不得什么,路还长着呢。不能让偶然的一次失误影响前面的路程。后悔、怨恨、委屈都是没有用的。果果狠狠地摇摇头,像要把后悔、怨恨、委屈一起都甩掉。雨点渐渐大了,空气也清爽多了。果果微微地加快了步子。

> **沐沐:** 生活会一直充满希望,只要我们努力前行。

当然,小星家还是要去的。现在不去,以后去。她和小星还是好朋友。说不定,她们今后还会走到一起去的。她们才十四岁,她们还年轻呢。

远远的,有什么地方响着朱晓琳的歌声,有点沙哑,但很甜、很真诚。

江南人留客不说话,
自有小雨悄悄地下……

小星和她的客人们静静地听着果果留下的歌声。窗外下着小雨,这里沙沙沙,那里沙沙沙,组成很好听的一片。雨倒是下着,可客人却没留住。怪谁呢?

"我们根本没有冷落她,是她心眼太小了。""红毛线大衣"说。

"我们不该把她撇在一边的。"

"都是年轻人,哪来这么多隔阂?"

小星没有发表意见。她走到桌前,翻了翻台历。在某一页上,她用钢笔画了一个蓝五角星。大家都默默地看着她，谁也不知道那蓝五角星是什么意思，但谁也没有问。

沐沐：
你觉得小星画下的蓝五角星是什么意思？小星和果果会忘记彼此间的这段友情吗？

读者留言：

【见微知著】

毕业后的一场生日会，虽然有久别重逢的喜悦，但更多的却是相处时的生分与小心翼翼。最终，果果留下精心挑选的礼物，悄悄离开了热闹的聚会。友谊弥足珍贵，但并不会一成不变。有些曾经亲密无间的老朋友会在我们的生活中慢慢淡出，有些原本素不相识的新朋友又会陆续到来。坦然接受这种变化，是我们成长的一部分。有些朋友也许不再联系，但友谊中的那些美好滋养过我们，会像蓝五角星一样成为我们生命中的重要部分，即使我们一时没能想起。

【能量站】

我们正在发起"经典咏流传·以善汇友"的诗文朗诵会,请把你喜爱的与美好的友谊相关的诗文大声朗读给我们听。

一楼:

问刘十九

唐 白居易

绿蚁新醅酒,
红泥小火炉。
晚来天欲雪,
能饮一杯无?

二楼:

将进酒

唐 李白

君不见,黄河之水天上来,奔流到海不复回。
君不见,高堂明镜悲白发,朝如青丝暮成雪。
人生得意须尽欢,莫使金樽空对月。
天生我材必有用,千金散尽还复来。
烹羊宰牛且为乐,会须一饮三百杯。
岑夫子,丹丘生,将进酒,杯莫停。
与君歌一曲,请君为我倾耳听。

钟鼓馔玉不足贵，但愿长醉不复醒。
古来圣贤皆寂寞，惟有饮者留其名。
陈王昔时宴平乐，斗酒十千恣欢谑。
主人何为言少钱，径须沽取对君酌。
　　五花马，千金裘，
呼儿将出换美酒，与尔同销万古愁。

三楼：

浪淘沙·把酒祝东风

北宋 欧阳修

把酒祝东风，且共从容。垂杨紫陌洛城东。
总是当时携手处，游遍芳丛。

聚散苦匆匆，此恨无穷。今年花胜去年红。
可惜明年花更好，知与谁同？

四楼：

我说：

【一叶知春】

莫愁前路无知己,天下谁人不识君。
——唐·高适《别董大》

以善汇友

人生贵相知,何必金与钱。
——唐·李白《赠友人三首》

君子与君子以同道为朋,小人与小人以同利为朋。
——北宋·欧阳修《朋党论》

君有奇才我不贫。
——清·郑板桥《赠袁枚》